新版

すぐ役立つ 手紙の書き方

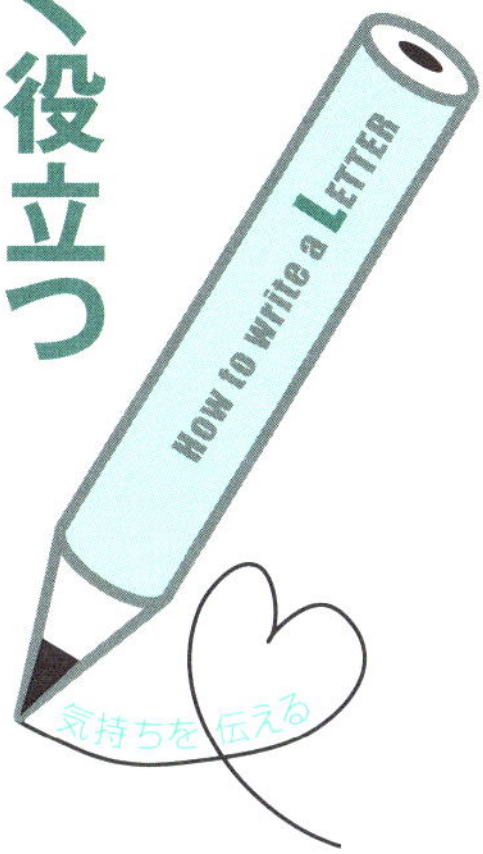
How to write a LETTER
気持ちを 伝える

▼文例から応用できる!
▼言い換え表現・きまり文句を網羅

生活ネットワーク研究会——著

法研

はじめに

例えば、贈り物をいただいたとき、出産した友人にお祝いを言いたいとき、お詫びをしなければいけないとき、あなたならどうしますか。電話やメールですますという人も多いでしょう。でも、電話では礼を失する場合もありますし、口頭では正確に伝わりにくく誤解を生むこともあります。何より、自分が手紙を受け取ったときのうれしさを思えば、相手にも手紙をしたためたいものです。

ところが、手紙にはいくつかの約束ごとや決まった言い回しがあって、日頃書き慣れていないと、これがなかなかやっかいに感じます。しかし、反対に言えば、これさえマスターしてしまえば、手紙を書くのは案外簡単なことなのです。

本書では、豊富な文例で日常生活のあらゆる場面に対応するとともに、文例ごとによく使われる言い回し（きまり文句）を数多く載せてあります。「関連語句」を参考にすれば、手紙のバリエーションはさらに豊かになるでしょう。手紙の構成やマナーなど、基本的な約束ごとをマスターするには「一章　手紙の作法」が参考になります。

手紙は、人と人とのネットワークを緊密にする、大切な手段のひとつです。気軽に手紙に向かい合えるようになれば、あなたの生活はきっと豊かなものになるはずです。本書がその一助となれば幸いです。

生活ネットワーク研究会

装丁●小杉研一
本文イラスト●さいとうかこみ
編集協力●オメガ社
DTP組版●マニエール

すぐ役立つ手紙の書き方　目次

3 お祝いの手紙 80

第1章 手紙の作法

手紙のマナー

手紙にはメールにはない、手書きのあたたかみがあります。相手に喜ばれ、用件をわかりやすく伝える手紙を書くには、気をつけるべきマナーがいくつかあります。それらをマスターしてよりよい手紙を書きましょう。

わかりやすく書く

手紙でもっとも大切なことは、用件や気持ちを相手に「はっきりと・わかりやすく」伝えるということです。無理に上手に書こうとせず、読みやすさを第一に考えて書くように心がけましょう。

文章は書き慣れていないと、ついつい構えてしまいがちですが、気負わずに、ふだん使い慣れた言葉を使って自然に書くことが大切です。回りくどい表現は避けて、簡潔な文章を心がけましょう。

具体的には、文章の基本である主語と述語が正しく使われているか、ひとつの文章が長くなりすぎていないか、などに気をつけます。また、用件がいくつもある場合は、あらかじめ箇条書きにして整理してから、順を追って書き進めるようにすると、混乱しないで書くことができます。

文字も、大きさをそろえて、曲がらないように注意しましょう。

誤字脱字に注意する

手紙文に限らず、誤字や脱字は恥ずかしいもの。文章を書くときは、手もとに辞書を置き、自信のない文字は辞書で検索して確認しながら書くようにしましょう。

それでも、うっかり書き間違えてしまうこともあります。一度書き終わったら、必ずもう一度読み返して、誤字や脱字がないかチェックするくせをつけましょう。

時機を逃さずに出す

返事や礼状などはもちろんのこと、季節のあいさつ文なども、タイミングを逃さずに書くのがマナーです。時機を逃さずに書けば、どんな短い文章でも、相手にこちらの心づかいは伝わるものです。

それでも、つい返事が遅くなってしまうこともあるでしょう。その場合は、手紙の最初に、返事が遅れたことへの詫びを一言添えておくようにします。あらかじめ出すことが決まっている、年賀状や暑中見舞いなどは、遅れないように特に注意します。

手紙とはがきを使い分ける

封書と手軽に書けるはがきとは、内容と目的によって使い分けるようにしましょう。

はがきは略式的なものですから、主文だけを書いてもかまいません。ただし、はがきの場合は、誰に読まれても差し支えのないことを書くのがマナーです。

封書の場合は、前文に始まって主文、末文、後付けまで形式にのっとって書くのがマナーです。目上の人へ出すとき、大切な用件や改まった内容を書くときは、必ず封書を用いるようにします。

手紙は、正式には二枚以上になるように書きます。一枚で終わってしまった場合は、同じ便せんを白紙のまま添えるのが一般的です。

筆記具は、黒か青の万年筆かボールペンを使います。封筒のあて名と手紙の本文は同じ筆記具、同じ色で書くのがエチケットです。

手紙文の構成

手紙文には「前文　主文　末文　後付け　副文」という基本的な構成があります。この流れに沿って書くようにします。

前文

前文とは、手紙の導入部に書くあいさつ文のことで、頭語・時候のあいさつ・相手の安否を問うあいさつ・自分の安否を述べるあいさつなどと続きます。

手紙の書き出しの言葉である頭語は「拝啓」を用いるのが一般的です。

頭語の後は改行するか、一字あけてから時候のあいさつを続けます。時候のあいさつは、月によって慣用的な言い回しがありますが（26ページ参照）、自分の言葉で書いてもかまいません。

さらに、相手の安否を尋ね、その後で自分のことを書きます。この後、無沙汰を詫びるあいさつが続くこともあります。この部分は、親しい相手なら省略しても構いません。

また、急用のはがき、死亡通知、お悔やみの手紙などでは、前文全体を省くことが多いようです。

主文

手紙の本題です。前文から主文に入るときには、「さて」「ところで」「早速ですが」といった起辞から書き始めると文章の流れがよくなります。

主文は手紙の中でもっとも重要な部分になるので、何を相手に伝えたいかを明確にし、わかりやすく書くことを心がけます。できれば、この部分だけでも要点を箇条書きにし、それをもとに下書きをしておくとよいでしょう。

末文

終わりのあいさつの部分です。「まずは」「とりあえず」などの起辞で始めて、「まずはご報告まで」「とりあえずお礼申し上げます」など、用件を一言でまとめるようにします。

この後に、相手の無事や発展を祈る言葉を述べ、次に会う機会を期待したり、自分の悪文を詫びたりします。

最後に、結語を加えます。「拝啓」の場合は「敬具」、「前略」の場合は「草々」など、頭語と結語は対応しているので注意しましょう。

死亡通知や災害見舞いなどで頭語を省略した場合は、結語もつけません。また頭語を改行しない場合、結語も改行しないのがふつうです。

後付け

日付と署名、あて名(脇付)を書く部分です。あて名の敬称は「様」が一般的ですが、会社や団体あての場合は「御中」となります。

脇付はよりいっそうの敬意とへりくだった気持ちを表すためのものです。最近はあまり使われていませんが、あて名の左下に「机下」「みもとに」などとつけ、相手に対して敬意を表します。

副文

主文で書きもらしたことを追加する場合や、念を押したいことを短い文章で書きます。

「追伸」「二伸」「なお」「再啓」などの起辞で書き始め、一字程度あけて、本文よりもやや小さめの文字で文章を続けます。ただし、目上の人あてや慶弔の手紙には、副文をつけないのが礼儀です。

●縦書きの手紙文●

前文　主文　末文　後付け　副文

頭語
拝啓　
時候のあいさつ
さわやかな五月晴れの日が続いています。
先方の安否を問うあいさつ
皆様にはお変わりなくお過ごしのことと拝察いたします。
当方の安否を述べるあいさつ
おかげさまで私どもも皆元気で過ごしております。
感謝やお詫
日頃はご無沙汰ばかりで申し訳ありません。
ひのあいさつ

主文起語
ところで、
主文
この六月で、父が六十歳の還暦を迎えることになり、ささやかな還暦祝の小宴を催すことになりました。日時・場所は左記のとおりでございます。ご多忙の折、誠に恐縮ではございますが、ぜひともお運びいただきたくご案内申し上げます。

日時　六月一日（土）午後五時～

場所　原宿・中華大飯店（電話：〇三－一二三四－五六七八）

結びのあいさつ
まずは右、ご案内まで。

結語
敬具

日付
平成〇年五月五日

署名
吉田敬二

あて名
青木正男様

脇付
机下

副文起語
なお、
副文
準備の都合上、勝手ながら五月二十日までに出欠の有無をお知らせいただければ幸いです。

横書きの手紙文

前文

頭語

拝啓

時候のあいさつ　先方の安否を問うあいさつ

寒冷の候、お変わりなくお過ごしのことと拝察いたします。

当方の安否を述べるあいさつ

おかげさまで当方も無事に暮らしておりますので、どうぞご休心ください。福岡に転任して、半年が経ちました。

感謝やお詫びのあいさつ

忙しさに紛れて、平素ご無沙汰ばかりで恐縮に存じます。

主文

主文起語　主文

さて、本日、当地名産の博多明太子を西王デパートよりお送りしました。ほんのお歳暮のしるしですので、ご笑納くださいますようお願い申し上げます。

末文

結びのあいさつ

年の暮れに向かい、何かと慌ただしくなってまいりますが、くれぐれもご自愛くださいますよう、お祈り申し上げます。

結語

敬具

後付け

日付

平成○年12月5日

署名

小坂一弘

あて名

高橋義一様

副文

副文起語　副文

追伸　1月10日に上京いたします。その節はまたご連絡させていただきます。

頭語と結語

頭語と結語は互いにペアになって使われるので注意が必要です。「拝啓」という頭語で書き始めたら、「敬具」という結語で結びます。また、用件や相手によって、改まった場合、急用の場合など、臨機応変に使い分けなくてはなりません。

一般的に使われる頭語は「拝啓」です。もともとは身分の高い人に用いいましたが、現在では広範囲に使われています。同様に「一筆啓上」は、相手を敬い、自分がへりくだった言葉です。

「前略」は親しい間柄や、用件がわかっている場合に使います。「前略」を使うときは、時候のあいさつなど形式ばったあいさつを省略し、すぐ用件に入ってもかまいません。ただし、目上の人に対しては失礼に当たるので使わないようにしましょう。

急用の手紙のときは、頭語のあとすぐに本題に入ります。内容はごく簡単なものを数行にまとめ、用件のみを書いたほうがよいでしょう。

頭語は、一字下げをせずに、行の頭から書きます。「拝啓」や「謹啓」で始めたときは、そのあと一字あけてから、時候のあいさつを続けます。改行をして、次の行の頭から時候のあいさつ文を書いてもかまいません。結語は、最後の行の、下から一字か二字上げたところに書きます。最後の文が行末までできたときは、次の行の下から一字か二字上のところに書きます。

	頭語	結語
改まった手紙の往信	謹啓・謹呈・恭啓《きょうけい》 （謹んで申し上げます）	敬具・敬白・謹白《きんぱく》・謹言・拝白・不一《ふいつ》・頓首《とんしゅ》 （かしこ・あなかしこ・あらあらかしこ）
改まった手紙の返信	謹答・敬復・復啓・拝復・お手紙謹んで拝読いたしました	敬白・敬具・拝答・敬答・謹酬《きんしゅう》・貴酬《きしゅう》 （あなかしこ・あらあらかしこ）
一般的な手紙の往信	拝啓・拝呈・啓上・一筆啓上・拝白 （一筆申し上げます）	敬具・敬白・不一・不備・以上 （かしこ・かしく）
一般的な手紙の返信	拝復・復啓・お手紙ありがとうございます・ご返事差し上げます	敬具・敬白・不一 （かしこ・ご返事まで）
一般的な手紙の再信	再呈・再啓・重ねて申し上げます	敬具・敬白・拝具 （かしこ・かしく）
急用の手紙	急啓・急白・急呈・火急・取り急ぎ申し上げます	敬具・草々・不一・不尽・不備 （かしこ・かしく）
前文省略の手紙	前略・冠省《かんしょう》・略啓《りゃっけい》 （前略ごめんください）	草々・匆々《そうそう》・不一・不尽・不備 （あらあらかしこ・かしこ・かしく）

※（　）内は女性だけが使う言葉

前文・末文のきまり文句

前文で、頭語の次に来るのが時候のあいさつ、その後にくるのが相手の安否を気づかい、繁栄を祝福するあいさつです。さらに続いて、自分の安否を述べるあいさつが続きます。また、久しく手紙を出していない相手へは、無沙汰を詫びるあいさつを書きます。

末文で、手紙の締めくくりとしてあいさつを書きます。例にあげたもの以外に、今後の指導や交際を願うあいさつなどもあります。

前文のきまり文句

相手の安否を問うあいさつ

- いかがお過ごしですか。
- いかがおしのぎでしょうか。
- その後お変わりございませんか。
- お健やかにお暮らしでしょうか。
- ご様子はいかがでしょう。
- ご機嫌うるわしくお過ごしでしょうか。
- その後お体の具合はいかがでしょうか。
- あいかわらずご精励のことでしょうか。
- しばらくお目にかかっておりませんが、皆様いかがお過ごしでしょうか。
- 皆様ご無事でお暮らしでしょうか、お伺い申し上げます。

相手の無事や繁栄を祝福するあいさつ

- お元気のことと存じます。
- ご壮健のことと存じます。

- お変わりなくお過ごしのことと存じます。
- お元気にお暮らしのことと拝察申し上げます。
- ご無事にお過ごしのことと存じます。
- お達者のことと拝察申し上げます。
- ご清栄のことと存じ上げます。
- ご清福のことと存じます。
- いよいよご隆盛のことと存じ上げます。
- いよいよご活躍のこととお祝い申し上げます。
- あなた様にはますますご清祥のこととお慶び申し上げます。
- 貴殿ますますご活躍のことと存じます。
- 皆様にはますますご健勝のことと、心よりお喜び申し上げます。
- 貴社益々ご繁栄の段、お喜び申し上げます。
- ますますご発展の由、大慶に存じます。

自分の安否を述べるあいさつ

- 当方、相変わらず元気に過ごしております。
- おかげさまで無事に暮らしております。
- 小生、病気ひとつせず精勤しております。
- おかげをもちまして、私は平穏な日々を送っております。
- おかげさまで無事に暮らしておりますので、ご休心ください。
- 当方一同、変わらず無事に暮らしております。
- 私どもつつがなく暮らしております。
- 私ども一同、大過なく過ごしております。
- 家族全員、変わりなく暮らしていますので、どうぞご心配なきよう願います。
- 家族一同、元気に過ごしておりますので、何とぞご安心ください。

無沙汰を詫びるあいさつ

- すっかりご無沙汰いたしました。
- 日頃のご無沙汰、心よりお詫び申し上げます。
- 日頃のご無沙汰、恐縮いたしております。
- 重ね重ねのご無沙汰申し訳ありません。
- 長い間のご無沙汰を重ねましたこと、どうぞお許しください。
- 長らくご無沙汰いたし申し訳なく存じます。
- 忙しさに紛れ、平素ご無沙汰ばかりで恐縮に存じます。

- 仕事に追われて平素とかくご無沙汰いたし、深くお詫び申し上げます。
- 長らくご無沙汰いたし、お詫びの言葉もございません。
- 疎遠にいたし、誠に申し訳ありません。
- 長らくお訪ねもせず恐縮いたしております。
- とかくお便りも差し上げず、申し訳なく存じます。
- 生来の筆無精のため、つい疎音《そいん》を重ねました。ご無礼をお許しください。

恩顧に感謝を述べるあいさつ

- いつもお世話になり、心から感謝しております。
- いつもお心をかけていただき、誠にありがとうございます。
- 日頃何かとご心配いただき、恐縮に存じます。
- 平素は格別のご厚情にあずかり、深く感謝申し上げます。
- ひとかたならぬご高配にあずかり、深謝いたします。

初めて出す手紙のあいさつ

- 初めてお手紙を差し上げます。
- 突然お手紙を差し上げます失礼をお許しください。
- お目にかかったこともございませんのに、一筆差し上げる失礼をご容赦ください。

末文のきまり文句

用件を結ぶあいさつ

- まずは用件（お祝い・お知らせ・お願い・お礼・お詫び・ご返事・お見舞い・ご報告・ご紹介）まで。
- 取り急ぎ用件まで。
- 以上ご報告かたがたお願いまで。
- とりあえず近況お知らせまで。
- まずは用件のみにて失礼します。
- ますは右取り急ぎお知らせいたします。
- 右ご案内までにて失礼いたします。
- 右取り急ぎお詫びいたします。
- 右とりあえずご返事いたします。
- どうぞよろしくご配慮お願いいたします。
- 略儀ながらお手紙にてご依頼申し上げます。

- 右略儀ながら書面にてお尋ね申し上げます。

相手の健康・健闘を祈るあいさつ

- ご自愛のほどお祈りいたしております。
- くれぐれもご自愛くださいますように。
- 末筆ながらご自愛をお祈り申し上げます。
- 時節柄お体お大事に。
- ご健勝をお祈りいたします。
- 一層のご活躍をお祈りいたしております。
- ご多幸をお祈りいたしております。
- どうぞお元気でご活躍くださいませ。
- ご健闘を祈ります。
- ますますご壮健でありますようお祈りいたします。

乱筆を詫びるあいさつ

- 乱筆お許しください。
- 以上、乱筆にてお許しください。
- 乱文乱筆お詫び申し上げます。
- 乱筆乱文、誠に申し訳ございません。
- 取り急ぎ乱筆乱文のほどお許しください。
- 取り急ぎ乱筆悪文のためお見苦しいかと存じますがお許しください。
- 心せくままの乱筆をご容赦願います。

返事を待つあいさつ

- ご返事お待ち申し上げます。
- ご返事願い上げます。
- お手数ながら、ご返書くださいますようお願いいたします。
- ご多忙と拝察いたしますが、何とぞご返事を賜りますようお願い申し上げます。

伝言を頼む

- 奥様にもどうぞよろしく。
- 末筆ながら、ご家族の皆様にくれぐれもよろしくお伝えください。
- 母からも厚くお礼申し上げるようにとのことでございます。

時候のあいさつ十二カ月

時候のあいさつは、四季折々の風物を折りこんだ、日本の手紙独特の慣用的な表現です。

古くから使われてきた時候のあいさつに「……の候」「……のみぎり」に続け、「いかがお過ごしでしょうか」「ご健勝のこととお慶び申し上げます」と続けると、あいさつの形になります。

また、慣用句にこだわらず、季節感を自分自身の言葉で表現してもいいでしょう。そのほうが親しみのこもった文になります。ただ、季語を利用する場合は、現在の暦と多少のずれがあるので、気をつけてください。

相手が遠方の場合は、季節のあいさつの後に「そちらはいかがですか」とつけ加えると、ていねいない方になります。

一月

- 新春の候
- 初春の候
- 厳寒の候
- 厳冬の候
- 酷寒のみぎり
- 寒冷の折から
- 年明け早々でございますが
- 新春にふさわしいのどかな日が続き
- 鏡開きもすみまして
- 暖冬で穏やかな日が続き
- 日ごとに寒さも増しておりますが
- いよいよ寒さも本番になりまして
- 寒気ことのほか厳しい折
- 本年はまた格別の寒さですが
- 寒さがひとしお身にしみる今日この頃

二月

- 余寒の候
- 残寒の候
- 晩冬の候
- 向春の候
- 梅花の候
- 春まだ浅く
- 余寒ことのほか厳しく
- 立春とは名ばかりで
- 梅のつぼみもまだかたく
- 春が待ち遠しく
- 春まだ浅き今日この頃
- 寒さの中にも春の足音が聞こえてくるようで
- 思わぬ大雪に春が遠のく思いがします
- うぐいすの声も聞かれるようになり
- 梅のつぼみがようやくふくらみかけ

三月

- 早春の候
- 浅春の候
- 春陽の候
- 春寒の候
- 初春の候
- 春色のなごやかな季節
- 春とはいえまだ寒さが残り
- 寒さも日ごとに薄らぎ
- ひと雨ごとに春めいてまいりましたが
- 桜前線も北上し
- 桜のつぼみもふくらみ
- 小川の水もぬるむ季節
- 暑さ寒さも彼岸までと申しますが
- 日増しに陽ざしが春めいて
- 花の便りがあちこちに聞かれます

四月

- 春暖の候
- 陽春の候
- 春和の候
- 桜花の候
- 晩春の候

うららかな春日和
春眠暁を覚えずと申しますが
春たけなわの折
花のうわさに心浮きたつ今日この頃
桜が街を美しく染め
花冷えのする今日この頃
春風のさわやかな季節となり
のどかな春の季節となり
桜花爛漫の季節になり
いつの間にか葉桜の季節となり

五月

立夏の候
新緑の候
薫風のみぎり
惜春の候
向暑の候
青葉若葉の季節
新緑が目にしみる季節
さわやかな五月晴れが続き
若葉の緑もすがすがしいこの頃
風薫るさわやかな季節
晴れやかな空に鯉のぼりがひるがえり
五月晴れが続いております
もう街には半袖姿を目にする季節になり
つつじが今を盛りに咲き誇り
心地よい初夏がやってきました

六月

梅雨の候
入梅の候
初夏の候
麦秋の候
長雨の候
青空が恋しい今日この頃
うっとうしい梅雨の季節になりました
思わぬ梅雨寒が続いております
空梅雨が続いております
連日の雨で梅雨明けが待たれます
庭の紫陽花が一雨ごとに色づき

- 久しぶりに梅雨空が晴れ
- いよいよ梅雨明け宣言が出され
- 衣替えの季節となりました
- 吹く風もどこか夏めいてまいりました

七月

- 盛夏の候
- 猛暑の候
- 大暑の候
- 炎暑の候
- 酷暑のみぎり
- 今年は例年になく長梅雨が続き
- 梅雨明けの暑さはひとしおですが
- 夏空がまぶしい季節
- 日ごとに暑さが増し
- 本格的な夏が訪れ
- 夏もいよいよ本番
- 水辺の恋しい季節になり
- うだるような暑さが続いておりますが
- ひと雨ほしいこの頃
- 今年の夏はいくらか涼しいとはいえ

八月

- 晩夏の候
- 残暑の候
- 暮夏の候
- 立秋の候
- 残暑厳しき折
- 入道雲の白さがまぶしい季節
- 暦の上ではもう秋ですが
- 立秋とはいえ今なお暑さが続きますが
- 今年の残暑は例年になく厳しく
- 夏の暑さもようやく峠を越え
- 空の色もいつしか秋めいて
- 虫の音に秋の気配を感じるこの頃
- 朝夕はすいぶん過ごしやすくなりました
- 夜風はすでに秋を感じさせるこの頃

九月

- 新秋の候
- 初秋の候
- 新涼の候
- 台風一過
- 灯火親しむ頃
- 天高く馬肥ゆる秋
- ようやくしのぎやすい季節となり
- 暑さ寒さも彼岸までと申しますが
- ひと雨ごとに秋めいて
- 秋の色がしだいに深さを増して
- さわやかな秋晴れが続いて
- 月が冴えて美しい季節
- 夜空には鰯雲が浮かび
- 虫の声が秋の夜を演出し
- 庭の柿の実もようやく色づきはじめ

十月

- 秋冷の候
- 仲秋の候

- 錦秋の候
- 爽涼の候
- 秋麗の候
- 秋たけなわのこの頃
- 日増しに秋も深まり
- 菊香る季節となり
- 朝夕は肌寒さを感じるこの頃
- ひんやりした秋気が心地よいこの季節
- 紅葉も見ごろになり
- 木の葉もすっかり色づいて
- 銀杏の葉が黄金色になり
- 日もずいぶん短くなり
- 虫の音も消えいるような季節になり

十一月

- 深秋の候
- 深冷の候
- 暮秋の候
- 向寒の候
- 暮秋の候

●向寒の候
●霜秋のみぎり
●霜枯れの季節
●山茶花初めて開く頃
●朝夕はひときわ冷え込むようになり
●日増しに寒さが加わり
●小春日和のおだやかなお天気が続き
●秋の色もいよいよ深まり
●初霜の便りも聞かれ
●落ち葉が風に舞う季節となり
●木枯らしが吹き始めたこの頃
●そろそろこたつが恋しくなる季節

十二月

●寒冷の候
●初冬の候
●歳晩の候
●霜寒の候
●歳末ご多忙の折
●寒気の厳しい季節となり

●あわただしい年の瀬を迎え
●年の瀬もいよいよ押し詰まり
●今年も残り少なくなり
●年の暮れとは思えないような暖かさで
●師走の寒さもひとしおですが
●いよいよ冬将軍の到来ですが
●寒気がことのほか身にしみて
●クリスマスツリーが街を華やかに彩り
●木枯らしが吹きすさぶ季節

敬語の正しい使い方

敬語は相手に対する敬意と人間関係の上下を表すもので、「尊敬語」「謙譲語」「丁寧語」の三種類があります。

手紙の中では、目上の人へはもちろん、どんなに親しい間柄であっても、相手に関することには敬語を使うのがエチケットです。逆に自分に関することにはへりくだった言い方をして、相手に対して敬意を表します。

また、相手に対する敬称でもっとも一般的なのは「様」です。「殿」はおもに目下に対して使うようにします。

● **尊敬語**

敬意が向けられる相手の動作や相手にかかわるものなどを、尊敬していうときの言葉です。たとえば「言う」は「おっしゃる」、「行く」は「いらっしゃる」となります。また、尊敬の助動詞「れる」「られる」をつけて使います。この助動詞は、可能、受け身も意味するので、使い方に注意します。

● **謙譲語**

自分の動作をへりくだって、相手に対して敬意を表現する敬語です。たとえば「言う」は「申し上げる」、「行く」は「伺う」「まいる」と使います。

● **丁寧語**

言葉に「お」や「ご」をつけたり、語尾に「です」「ます」「ございます」をつけて、言葉そのものを丁寧に表現することで、相手に対する敬意を表します。ただし、必要以上に多用すると、わざとらしい表現になるので注意します。

人や人物の呼び方

人や物	自分側の呼び方	相手側の呼び方
本人	私・ぼく・小生・私ども	あなた・あなた様・貴下・貴殿・貴君
父	父・おやじ・老父・実父・養父	お父様・お父上・父君・ご尊父・ご賢父様
母	母・おふくろ・老母・実母・養母	お母様・お母上・母君・ご尊母様・ご母堂様
両親	父母・両親・老父母	ご両親様・ご父母様・お二人様
祖父母	祖父（母）・隠居	おじい様おばあ様・ご祖父（母）様・ご隠居様
夫	夫・主人・宅・あるじ	ご主人・○○様・旦那様・夫君
妻	妻・女房・家内	奥さん・奥様・令夫人・ご令室
息子	息子・子ども・せがれ・長（二）男・愚息	ご子息様・ご令息様・坊ちゃん・お子様
娘	娘・子ども・長（二）女	お嬢様・ご息女様・ご令嬢様・お嬢さん
兄姉	兄（姉）・長兄（姉）・次兄（姉）	お兄（姉）様・お兄（姉）上様・兄（姉）上

人や物	自分側の呼び方	相手側の呼び方
弟妹	弟（妹）・愚弟（妹）	弟（妹）さん・弟（妹）様・ご令弟（妹）様
夫の父母	父（母）・義父（母）・舅・姑	お父（母）上様・お父（母）君様・お舅様・お姑様
妻の父母	義父（母）・岳父（母）	ご外父（母）様・ご岳父（母）様
家族	家族・家族一同・皆々・私ども・小生方	ご家族様・ご家族の皆様・御一同様・皆々様
住居	小宅・私宅・拙宅・我が家	お宅・貴家・貴邸・尊宅
住地	当地・当方・こちら	御地・貴地・そちら
会社	小社・弊社・当社	貴社・御社
品物	心ばかりの品・粗品・寸志・粗菓	ご好意の品・お心尽くし・ご配慮・ご厚志・美菓
手紙	手紙・書面・書状・寸書	お手紙・ご書面・ご書状・貴信・お便り
意見	考え・私見・所見・愚見	お考え・ご意見・ご高説・お説

封筒・便せんの使い方

封筒・便せんとも実にたくさんの種類があり、紙質ひとつをとっても普通紙から和紙とさまざまで、絵入りや香りつきのものまであります。

しかし、封筒や便せんは差出人の趣味を表すので、十分に注意して選択したいものです。

封筒の使い方

改まった場合や目上の人には、二重封筒や、やや厚めの白無地のものを使います。親しい友人などには、イラスト付きのものなどを使って自分らしさを演出するのも楽しいでしょう。

封筒のあて名は、いわば手紙の顔です。字の上手下手よりも、丁寧に書くことを心がけます。インクは便せんと同じものを使うのがマナーです。

ただし、大きな封筒を使う場合は、見やすさを考えて黒のマジックなどを使っても構いません。

便せんの使い方

便せんは、白い無地のものか、薄いブルーや黒の線を引いてあるものが、もっとも一般的です。事務用便せんは事務通信用にのみ使い、一般的な手紙には使いません。また原稿用紙も避けます。

正式な手紙は縦書きにします。しかし、最近では横書きの手紙も一般的になってきました。出す相手によって使い分けるといいでしょう。

普通の便せんは表面を内側にし、二つ折りか三つ折りにします。それ以上細かく折ると、便せんを開いたとき読みづらくなるので避けます。

〒230-0031
目黒区九段七の八の九
大場方
竹田敏子
六月六日
郵便番号欄が左側にある場合住所も左側
日付は左上。ただし住所、氏名を左側に書いた場合は右上
切手
345-0003
中野区渋谷一の二の三
宮下様方
佐々木　久様
親展
脇付は小さく
あて名は中央に、住所より少し下げて大きめに書く
日付は住所の左斜め上
8月10日
〒322-0073　杉並区上野5-4-3
青木花子
切手
神奈川県横浜市
港南区1～2～3
金子　和樹 様
正子 様
123-0051
連名の場合はそれぞれに「様」

パソコンで上手に書くには

手書き以上にパソコンによる手紙や文書が増えてきました。パソコンによる手紙は味気ないと思う人も少なからずいますが、だからといって、手書きのみに固執して便利なパソコンを使わない手はありません。

ただし、目上の人に私信を出すような場合や相手がパソコンの手紙を嫌うような場合は、手書きで書くようにします。手紙を書くときの基本的な心構えは、相手に対しての気づかいであることを忘れてはいけません。こちらの一方的な利便性を押しつけるだけでは書き手の思いを一〇〇％伝えることはできないでしょう。

パソコンのメリット

パソコンによる文書作成のメリットはたくさんあります。まず自分の書いたものが整然とした字で印刷できることです。今まで悪筆を気にして筆無精になっていた人も、気軽に手紙を書くことができます。

また、パソコンは一度書いた文章に自由に手を加えることができます。さらに、書いたものを保存用メディア（ＣＤＲやＤＶＤなど）に書き込んでおけば、情報整理にも活用できます。

年賀状やお知らせなど一度に大量の文書を出すときは、何枚も同じ文書をプリントできるので、短時間に作成することも可能です。

書体を使い分けよう

　パソコンには、明朝体、ゴシック体、筆文字など、さまざまな書体があります。手紙の内容や出す相手によって、これらを使い分けるといいでしょう。

　正式な手紙や文書、目上の人への手紙では、明朝体を使うのが一般的です。文章にしたときもっとも読みやすいのが明朝体です。

　ゴシック体は、その形から比較的にラフなイメージがあるので、親しい友人などへの手紙に向いています。また、基本の文章となるものは明朝体にして、強調したい部分はゴシック体にすると、一目でわかる文書になります。

　年賀状には、筆文字を使うと効果的です。

自筆の署名を忘れずに

　パソコンの手紙でも、署名は必ず自筆にします。それだけで、相手が受ける印象はずいぶん変わってきます。

　また、自筆の署名を入れれば、確かに自分が書いたという証明にもなります。事務用の書類の場合は、捺印をしてもいいでしょう。

Eメールの書き方

最近は、電話や手紙にとって変わる勢いで浸透しているEメール。海外にも瞬時に届いたり、複数人に同時に送信できたり、受信・送信文の日時が記録としてパソコン内に残っていることもメールの利点です。

こんなときはメール以外で

手軽で便利とはいえ、以下の場合はメール以外の方法で連絡をとる方がよいでしょう。

電話→スケジュール調整などの相手とのやりとりが必要なとき、急ぎで返事がほしいときなどの場合は電話の方が早くて確実なやりとりができます。

手紙→メールは手軽なためカジュアルな印象があります。正式な書類、フォーマルな案内などは手紙のほうが向いています。お礼や季節の挨拶なども、手書きの手紙やはがきのほうが気持ちがこもっていて相手に喜ばれることが多いようです。

書くときのポイント

メールとはいえ基本的には手紙であるので、マナーを心がけてお互い気持ちのいいやりとりをしましょう。

❶件名に気配りを

誰から何の用件なのかがすぐにわかるようにすることで、相手側に時間のないときでもすぐ何の用件についてか理解することができます。

例えば「幹事の〇〇です」「△△会のお知らせ」などがよいでしょう。

❷ 基本は英文スタイルの手紙

手紙と違って、文末までスクロールしないと送信者がわからないのがメールです。そのため、最初に「こんにちは。〇〇です」「初めまして。先日ご一緒させていただいた〇〇です」など挨拶を入れるとよいでしょう。ただし携帯メールに送信する場合は文字数の関係もあるので用件だけで十分です。

❸ 用件はわかりやすく、完結に

長すぎる文章は、相手の表示画面にもよりますが、スクロールしなければなりません。長い場合は改行をマメにし、段落では一行あけるなど、読みやすい工夫をしましょう。漢字変換が簡単にできてしまうので、誤字脱字に注意し、送信する前にチェックが必要です。

❹ あいさつと署名

友人に送るカジュアルなメールには必要ありませんが、ビジネスメールの場合は「よろしくお願いいたします」などの完結のあいさつと署名は必要です。署名には自分のアドレスや連絡先を入れるとよいでしょう。

注意点

エチケットとして、いくつか注意が必要です。

相手に迷惑がかかるのでウイルス対策を万全にすること。コピー機能や第三者の目に触れやすい通信手段であるので転送は慎重に行うこと。相手のパソコン環境を確認してから画像等は送ること。携帯メールの場合は受信すると受信音等で届いたことを知らせるので、送信時間帯に気配りが必要…などがあります。相手のことを考えて心配りをすることが大切です。

英文手紙の書き方

英文手紙は、公用文（Official Letters）、商用文（Business Letters）、社交文（Social Letters）の三種類に分けられます。

公用文は、官庁や政府の間で取り交わされる公文書で、一般には使いません。

商用文は、会社対会社、会社対個人の間で、商取引や業務上取り交わされる文書のことです。

社交文は、個人間で交わされるすべての手紙をさします。依頼、お祝い、お見舞い、お悔やみ、招待状など多岐にわたります。また、社交文は、公的な面を持つ手紙と純粋に私的な手紙とに分けられ、招待状や推薦状は前者に当たります。このとき主語には、三人称のHeやTheyを使います。

英文手紙の構成

●頭書き（heading）

英文手紙では、便せんの右の最上部に差出人の住所・日付を書きます。

ただし、親しい相手に書く場合は、住所を省略してもかまいません。

●序部（introduction）

便せんの左側、日付から二〜三行下に、相手の氏名、住所を書きます。これも、親しい間柄の場合は省略してもかまいません。

●頭辞（salution）

敬辞、または呼びかけといわれるもので、日本の手紙の「拝啓」にあたるものです。序部から二行ほど下に書きます。

頭辞は、Mr.Rorth,と書き、親しい間柄のときにはDear Johnson,と名前だけを書きます。

儀礼的な手紙では、Dear Sir, Dear Madam, など、会社や団体に対しては、Dear Surs:, Gentreman: などが使われます。Dear Mr.Johnson Rorth, などのようにフルネームを書かないように注意しましょう。

●本文(body)

本文は、頭辞から一、二行あけて書きます。ただし、イギリスでは間隔をあけずに書き始めるのが普通です。

各行頭を左端にそろえて書くブロック式、各文節の初めの行を三文字から五文字ほど右にずらして書く斜線式とがあります。商業文ではブロック式、一般の手紙では頭書き・序部をブロック式で書き、本文は斜線式で書く混合式が普通です。

●結辞(complimentary close)

日本の手紙の「敬具」などにあたる言葉で、Sincerely, Yours sincerely, Truly, Yours truly, などが一般的です。

結辞は必ず最初の文字を大文字で書き、最後にコンマをつけます。

●署名(signature)

サインを結辞の右下に入れます。本文をパソコンで打ったときも、必ず肉筆でサインを書きます。

商用文や初めての手紙ではフルネームを書き、親しい間柄であればファーストネームだけを書きます。

●追伸(P.S. Postscript)

署名をした後で、書き足したいことがある場合に、追伸として書きます。ただし、商用文では使いません。

追伸は、署名から数行下げて、左端から、または本文と同じところから、または少し右にずらしてP.S.と書いてから、用件を一、二行で簡潔にまとめます。

英文手紙の例（滞在のお礼）

頭書き（差出人の住所・日付）

2-3 Nerima 1-chome
Nerima-ku Tokyo 000－0000
Japan
11 Nov. 2009

序部（受取人の氏名・住所）

Mr.John Smith
45 Copeland Place
Formingdale N.Y. 117230
U.S.A

頭辞

Dear Mr.&Mrs.John Smith

本文

Thank you very much for your kind hospitality last time.
It was only a week, but I spent very enjoyable time.
When you come to Japan, please don't forget to contact me.
It will get colder, so take care not to catch cold.

結辞

Yours Sincerely,

署名

Tomoko Aoki

追伸

P.S. I'm sending you Japanese classical doll by another mail. I'm sure you will like it.

結辞のいろいろ

結辞には、手紙の相手や内容によって、さまざまな言い方があります。次に例をあげますので、参考にしてください。

商用文

Faithfully yours, Very truly yours, Sincerely,

公用文や儀礼的な手紙

Respectfully yours,

礼状

Gratefully yours,

友人や知人への手紙

Cordially yours, Sincerely,

特に親しい人への手紙

Affectionately, Fondly, (女性)

慣用的なあいさつ文

本文の最後、結辞の前には、慣用的なあいさつ文が入ります。その主な例をあげておきましょう。

「お返事をお待ちしております」

- Waiting for you (early) reply.
- Looking forward to hearing from you soon.
- Please write to me again soon.
- I am looking forward next your letter.

「ご健康をお祈りします」

- Wishing you a good health.
- I hope you will take a good care of yourself.

「ご家族の皆様によろしく」

- With kind regards to your family.
- Please give my best regards to your family.
- Please remember me to your family.
- Give my love to your family.
- Please say hello to your family.

「どうぞよろしく」

- All good wishes.
- All the best.
- With kind regards.

封筒の表書き

海外に出す手紙の場合、封筒の左上に差出人の住所、氏名、中央から右に受取人の氏名、住所を書きます。

右上部に切手を貼り、左下に郵便取り扱いの指定（書留、速達など）と受取人への指示（親展、至急、写真在中）などを書きます。

氏名は住所の前に書きますが、名前の前に男性なら「Mr.」、女性なら「Ms.」、または既婚者には「Mrs.」、独身者には「Miss.」の敬称をつけます。

住所はマンション名、番地などを書き、続いて（日本でいうなら）町名、区名、都道府県、郵便番号のように逆から書いていきます。最後に国名を記します。

また、招待状などの儀礼的な手紙では、差出人の住所、氏名は、封筒の裏のふたの部分に書きます。

● 封筒の表書き

表だけ書く場合

裏のふたに差出人の住所、氏名を書く場合

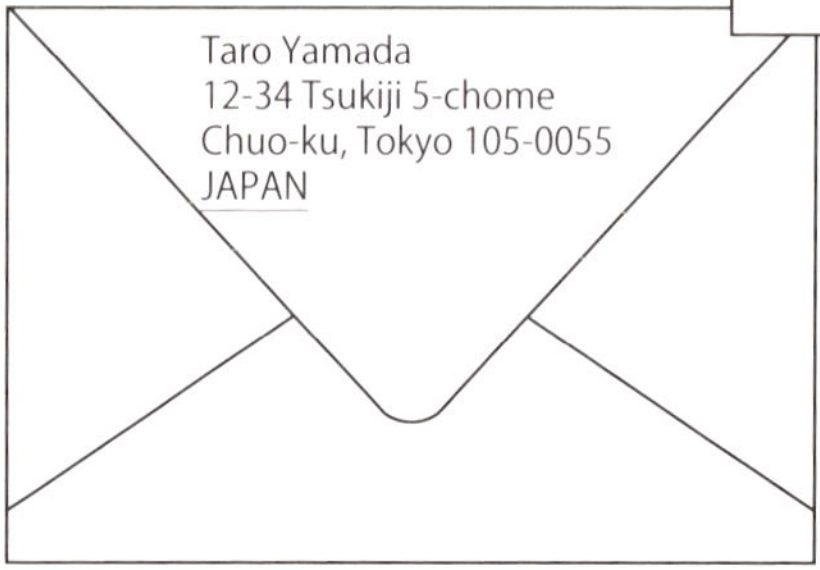

英語表記

速達→Special Delivery Express
書留→Registered Mail
親展→Confidential
至急→Urgent
写真在中→Photos

第2章
すぐ役立つ手紙文例集

1 通知・あいさつの手紙

結婚・出産・入学・合格・卒業など祝い事を知らせる手紙は、喜びを素直に表すとともに、新たな門出を迎える思いと、今後に関する抱負もつけ加えるとよいでしょう。

結婚の通知は、式後一カ月以内をめどに、時候のあいさつ、媒酌人、挙式場所を告げ、今後の指導を願う文面にします。

出産の通知は、一般的に、夫か産婦の両親、兄弟姉妹が書き、出産の日時、赤ちゃんの性別、体重、命名、出産後の母子の様子などを知らせます。

入学・合格・卒業の通知では、本人に代わって親が書く場合は、喜びを素直に表し、これまでの感謝を述べ、今後の抱負で締めくくります。

就職・転職・退職・転勤などの通知状は、身辺の変化を知らせると同時に、これまでの厚情への感謝を表します。

就職・転職の通知では、両親・親類・知人・恩師などへ、どういう会社に就職したのか、その会社の業種、社会人としてのこれからの意気込みなどを書きます。転職の場合、いつからそこで働き始めるのかを明らかにし、今後の変わらぬご指導をお願いして締めくくります。

退職の通知の場合、定年退職では、在職中にお世話になった礼を述べ、中途退社では、近況報告のつもりで、退職にいたった過程を簡単に報告します。

通知の手紙は、いずれの場合も、親しい人とそうでない人では文面が違ってくるので注意しましょう。

① **前文**

② **結婚の通知**
挙式日・挙式場・媒酌人などを知らせます。

③ **あいさつ**
新住所とともに今後の決意を簡潔に述べます。

④ **対応**
あいさつに行ける場合はその旨を知らせます。

⑤ **末文**

謹啓《きんけい》　新緑の候、皆様にはいかがお過ごしでしょうか。

このたび私ども、五月十五日、福岡市○○ホテルにおいて結婚式を挙げました。ご媒酌《ばいしゃく》は、私の勤務先の上司である吉田進一様ご夫妻にお願いいたしました。妻美千子は、福岡市内で△△銀行に勤務しておりましたが、結婚を機に家庭に入り、主婦業に専念することになりました。

私の勤務先の福岡での挙式となり、遠方の皆様にはご出席いただくことができず、心残りでございました。また、過分なお祝いをいただき、誠にありがとうございます。

未熟な私どもですが、協力し合って、温かで笑いの絶えない家庭を築いていきたいと思っております。今後とも、より一層のご指導をくださいますようお願い申し上げます。なお、左記住所にささやかな新居を構えました。ぜひ一度お出かけください。

お盆休みには長野へ帰り、妻共々ごあいさつに伺わせていただきます。

末筆ながら皆様のご健勝をお祈りいたします。

敬白

結婚の通知

一般的な結婚の通知

男女➡知人・友人

前文　主文　末文　後付け

謹啓　新緑の候、皆様にはますますご清祥のこととお慶び申し上げます。
❶さて、このたび私ども、木村五郎様、初子様ご夫妻のご媒酌《ばいしゃく》により、五月十二日に結婚式を挙げ、二人で新たな生活を始めることとなりました。
❷まだまだ未熟な二人ではございますが、力を合わせて温かな家庭を築いてまいりたいと存じますので、❸今後ともいっそうのご指導とご支援を賜りますようお願い申し上げます。
❹なお、左記の住所に新居を構えましたので、お近くにお出向きの際は、ぜひお立ち寄りください。
まずは略儀ながら書中をもちまして、謹んでごあいさつ申し上げます。
敬具

平成○年五月吉日

〒○○○-○○○○　東京都杉並区荻窪○○-○
☎○三(○○○○)○○○○

Point

▼遅くならないよう結婚後一カ月以内に出します。▼多くの知人・友人に出すものですから、一定の形式にしたがって礼儀正しく書きましょう。▼差出人は夫婦連名にします。▼ふつうは、新居の住所や電話番号もいっしょに知らせます。

きまり文句

❶私たち二人、かねてよりの交際が実を結び、○月○日に□□教会にて結婚式を挙げました。

❶私どもの勝手な理由から、内輪だけのごくささやかな式を執り行いました。

❶このたび婚姻届を提出し、新しい生活をスタートすることになりました。

❷いたらぬ私どもではございますが、ともに励まし合って、幸せな家庭を築いていく所存でございます。

❷いつまでも二人仲良く手を取り合って歩んでいきたいと思っており

会沢　良介
律子（旧姓　吉川）

恩師に結婚を知らせる

女性→恩師

前文

拝啓　立春を過ぎ、ようやく春めいてまいりました。その後、心ならずもご無沙汰《ぶさた》しておりますが、先生にはお変わりなくご活躍のことと存じます。

主文

❶ごあいさつが遅れましたが、私、一月十七日に結婚いたしました。相手の男性は、先生もご存知の一年先輩の松田耕介さんです。松田さんも東京で働いていて、一年前に偶然出会い、それをきっかけに交際を続けてまいりました。

結婚式は、お互いの両親、兄妹と一緒にハワイの教会にて執り行いました。私たちのわがままから先生をご招待できず、大変失礼いたしました。

❶新居は、ＪＲ浦安駅から徒歩十五分のマンションです。落ち着きましたら、ハワイのお土産をもってごあいさつに伺いたいと思っております。

末文

まずは、書中にて結婚のご報告を申し上げます。

敬具

ます。

❸今後ともご指導並びにご厚誼《こうぎ》のほど、よろしくお願い申し上げます。

❸これからも末永いお付き合いをお願いいたします。

❹東京の○○に新居を構えました。いずれ落ち着きましたら、お招きしたいと存じておりますので、ぜひ皆様でお越しください。

まめ知識

■関連語句

婚姻・結ばれる・添う・身を固める・連れ合う・連れ添う・良縁・婚礼・祝言・再縁・再婚

■意味

ご厚誼《こうぎ》：目上の方から好意を寄せてもらっていること。目上の方の親切心。

出産・妊娠の通知

妻の出産を知らせる

男性→知人

前文

❶寒い日が続いておりますが、皆様にはお元気でお過ごしでしょうか。

主文

さて、去る三月三日午前六時に妻雪絵が、武蔵野病院において無事第一子を出産いたしました。体重二七〇〇グラムの女の子で、標準よりは軽めですが、❷母子ともに元気でほっとしております。妊娠中は体調面などでご心配をおかけいたしました。❸子どもの名前は、桃の節句にあやかって「桃香《ももか》」とつけました。桃の花のようにかわいらしく、みんなから好かれる子になってほしいという思いもこめました。

父親としての実感はまだなかなか湧いてきませんが、子どもの安心しきった寝顔を見ていると、なんだか身の引き締まるような気がしてきます。とはいえ、なにぶん新米の頼りない親ですので、今後とも、

末文

皆様のご指導をお願い申し上げます。とりあえず、ご一報まで。

Point ▼生まれた日、時間、男女の別、体重、命名に加えて、母子の様子、命名のエピソード、親としての心境なども書きたいところです。▼読みにくい名前にはふりがなをつけましょう。▼親しい人以外では、あまりはしゃぎすぎた文にならないように気をつけましょう。

きまり文句

❶昨日午後五時三十分、待望の長男が誕生いたしました。

❶私たちに新しい家族ができましたのでお知らせします。

❶ご連絡が遅くなりましたが、先月の十日に、長女桃香が生まれました。

❶私もやっとママになりました。

❷母子ともどもいたって元気で、産後の経過も順調です。

❸子どもの名前は、以前から考えていた桃香に決めました。

❸○○日のお七夜には、桃香と命名しようと考えております。

夫の両親に妊娠を知らせる

女性→夫の両親

主文

お父様、お母様、うれしいお知らせです。❹実は私たち、赤ちゃんに恵まれました。先日二人で病院へ行ってきたところなのですが、妊娠三カ月で、予定日は九月七日だそうです。

結婚して待ちに待った赤ちゃんですので、賢次さんも大喜びし、早々と赤ちゃん用品を見に行ったりしているほどです。私は初めてのことでちょっと不安もありますが、そこは母親としての先輩であるお母様にいろいろ教えていただきたいと思っておりますので、よろしくお願いいたします。

末文

まずはご報告まで。

❹来年の夏には、私たちパパとママになります。

❹昨日はっきりしたのですが、妻の雪絵が妊娠しました。

まめ知識

■**関連語句**

妊娠・身ごもる・身重・出産・出生・誕生・新生・身二つ・生まれ落ちる・臍の緒を切る・安産・難産

■**意味**

お七《しち》夜《や》：子供が生まれて七日目の夜に健やかな成長を願うお祝い

入学・合格・卒業の通知

娘の小学校入学を知らせる

女性→夫の両親

前文

春爛漫《はるらんまん》の季節、お父様、お母様にはお元気でお過ごしのことと存じます。

主文

❶先週の七日、由紀の小学校の入学式がありました。❷快晴の空の下でのすばらしい式でした。由紀はといえば初めは借りてきたネコのようにおとなしくて心配したのですが、慣れてくるといつものおてんばを発揮し、さっそく新しいお友だちと元気いっぱい、張り切って出かけていきます。

末文

式の写真を同封いたしましたので、ひと回りお姉さんになった由紀を見てやってください。まずはご報告まで。

自分の大学合格を知らせる

男性→家庭教師

水上先生、うれしいお知らせです。❸昨日大学の合格発表があり、お陰様で第一志望の○○大学法学部に合格いたしました。❹先生には、た

Point

▼子どもが小さい場合を除いて、一般的には本人が、これまでお世話になったお礼を込めて書くものです。▼親が出す場合には、自慢げにならないよう注意しましょう。▼お祝いをもらった場合はお礼を忘れずに。使い道も書き添えるとよいでしょう。

きまり文句

❶長男祐介も、この春小学校の入学式を迎えます。

❶早いもので、長女めぐみも四月から中学生です。

❷無事に入学式を終え、改めて喜びをかみしめております。

❸ご心配いただいておりましたが、無事、○○大学に合格いたしました。

❸長男の剛が、おかげさまで私立△△中学に合格いたしました。

❹これもひとえに先生の丁寧なご指導のおかげと、深く感謝しており

主文

だ勉強をみていただくだけでなく、進路についての相談、たくさんの励ましなど、とても心強く感じておりました。本当にありがとうございました。

　入学の手続きがすみましたら、改めてお礼に伺うつもりでおります。

　まずは取り急ぎ、大学合格のご報告とお礼を申し上げます。

自分の短大卒業を知らせる

女性→恩師

前文

拝啓　桜前線も日毎《ひごと》に北上し、ここ東京では開花がまもなくとなりました。
ご無沙汰《ぶさた》しておりますが、先生にはお元気でお過ごしのことと存じます。

主文

⑤早いもので、私はこの春、○○短大を卒業いたしました。二年間は本当にあっという間で、やり残したことがたくさんあるなあというのが実感です。イギリス文学を学んでまいりましたが、英語自体に磨《みが》きをかけたいという気持ちも強く、このたびイギリスに留学することにいたしました。
　英語、そしてイギリス文学への目を開かせてくださった先生に、一言ご報告申し上げたくてペンをとった次第です。

末文

　イギリスでの落ち着き先が決まりましたら、またご連絡いたします。

今後とも、ご指導のほどよろしくお願い申し上げます。

かしこ

ます。
④先生の熱心なご指導の賜物と、娘になりかわりお礼申し上げます。
⑤おかげさまで大学を無事卒業することができ、社会人としての第一歩を踏み出すことになりました。
⑤晴れて卒業証書を手にすることができました。

まめ知識

■関連語句
入学・入校・入園・就学・受験・進学・進級・合格・及第・パス・卒業・巣立つ

就職・転職の通知

一般的な転職の通知

男性→取引先

前文

拝啓　初夏の候、皆様にはますますご健勝のこととお慶び申し上げます。

主文

さて、私儀《わたくしぎ》、❶このたび七月十五日をもって七年間勤務してまいりました大空ツーリストを退職し、八月より世界旅行社に入社いたしましたのでご報告申し上げます。

大空ツーリスト在職中は、並々ならぬご厚情を賜り、まことにありがとうございました。❷新天地では新たな決意をもちまして職務に専念する所存でおりますので、これまで同様、ご支援を賜りますよう謹んでお願い申し上げます。

末文

まずは右、略儀ながら書中をもちまして、ご報告かたがたごあいさつ申し上げます。

敬具

Point

▼どんな会社に、いつ入社して、どんな仕事をするのかを書きます。▼就職・転職するにあたっての抱負や意気込みなども書き添えるといいでしょう。▼転職の事務的なあいさつの場合、理由は特に述べる必要はありません。▼希望に満ちあふれた明るい文面を工夫しましょう。

きまり文句

❶このたび、一身上の都合により○○会社を円満退職いたしました。

❶このたび○○会社を退職し、家業を継ぐことになりました。

❶出産のため、○○会社を退くこととなりました。

❶なんとか独立の目途が立ち、七月十日をもって○○会社を退社いたしました。

❷新しい職場では、これまで以上に精励いたすつもりでおります。

❷会社が変わりましても、出版という仕事は変わりませんので、今後

恩師に就職を知らせる

女性→恩師

前文

拝啓
　日増しに春の訪れを感じる今日この頃、坂本先生におかれましてはますますお元気でご活躍のことと存じます。

主文

　さて、私、❸この三月に百合ヶ丘大学を卒業し、四月一日より、関東地方を中心に、スポーツクラブを経営している株式会社ルネサンスに就職することになりました。
　私は東京本社の企画部に配属される予定で、スポーツクラブ新設に際してのさまざまな調査などを担当することになりそうです。中学時代からバレーボールを続けてきた、スポーツ好きの私にはぴったりの仕事ではないかと満足しております。
　先生には、大学に入学してからもいろいろとお世話になり、本当にありがとうございました。改めてお礼申し上げます。
　社会人一年生としてはまだまだ未熟な私ではありますが、精いっぱい頑張ってまいりたいと思っておりますので、これまで同様のご指導をよろしくお願い申し上げます。

末文

　とりあえず、書中にて就職のご報告を申し上げます。

敬具

とも末永くよろしくお願い申し上げます。

❸いろいろとご心配をおかけいたしましたが、このたび○○会社に就職が決定いたしました。

まめ知識

■関連語句
就職・入社・奉職・転職・転業・転身・鞍替え・再就職・復職

転任・就任の通知

● 転任の通知

男性→取引先

前文

謹啓《きんけい》　陽春の候、皆々様にはますますご健勝のこととお慶び申し上げます。平素は格別のご厚情を賜り、ありがたく厚くお礼申し上げます。

主文

①さて、私こと四月二十一日をもちまして、弊社東京本社への転勤を命ぜられ、このほど無事着任いたしました。②前橋支社在勤中は公私にわたり、ひとかたならぬご教導を賜りましたこと、心からお礼申し上げます。

③本来ならばお目にかかってお礼を申し上げるところでございますが、急きょこちらにまいり、心ならずも失礼いたしましたことをお詫び申し上げます。

④今後も微力ではありますが、新たなる職務に精一杯の努力をしてまいる所存でございますので、⑤ますますのご交誼《こうぎ》を賜りますよう伏してお願い申し上げます。

末文

まずは略儀ながら、書中にてご挨拶申し上げます。

敬白

Point

▼仕事上の関係者に出すものですから、文章には十分配慮しましょう。▼頭語は、「拝啓」よりも丁重な「謹啓」などを用います。▼就任の場合は、特に謙虚な態度が表れた文面になるように。▼転任の場合、文末に新勤務地の住所や所属を書きます。▼「私儀」などを行下に置くことで自分を落とし、相手への尊敬の念を伝えられます。

きまり文句

①このたびの人事異動で、札幌支局に赴任することになりました。

②本社在任中は、公私ともにご厚情を賜り、誠にありがたく、ここに謹んでお礼申し上げます。

②前職中はいろいろとお世話になり、本当にありがとうございました。

③本来なら拝趨《はいすう》のうえ、ごあいさつ申し上げるべきところ、急な発令のためお伺いすることもかなわず、大変失礼をいたしました。

後付け

平成○年四月

勤務先　大宮工業株式会社　第一営業部主任　小原良一

東京都千代田区千代田町一－一

電話〇三－○○○○－○○○○

就任の通知

男性→取引先

前文

謹啓　青葉の季節　皆様にはいよいよご清栄の段大慶に存じます。

主文

さて、①私《わたくし》儀《ぎ》、六月二十五日をもちまして岡山支社長に就任いたすことになりました。

④私にとっては身にあまる重責ではございますが、東京支社での経験を生かし、精一杯の努力をしてまいる所存でございます。

⑤なにとぞ、前任者の佐藤同様に、ご指導ご鞭撻を賜りますようお願い申し上げます。

末文

まずは、書面にて新任のご挨拶とさせていただきます。

敬白

③急な辞令のためご挨拶もかなわず失礼をいたしました。

④まだまだ未熟な私ではございますが、皆様のご期待に添えるよう努力してまいる所存です。

④なにぶんにも初めての職務で不行き届きのこともあろうかと存じますが、誠心誠意職務にあたる所存でございます。

⑤なにとぞ変わらぬご指導のほどお願い申し上げます。

まめ知識

■**関連語句**

就任・着任・新任・就く・転任・転属・転出・転勤・異動・転補・栄転・旧任・前任・先任・後任

■**意味**

ご交誼《こうぎ》：交際をしている人同士の親しい付き合い

拝趨《はいすう》：こちらから相手方へ出かけて行くことの謙譲語

退職の通知

中途退職を知らせる

男性→取引先

前文

拝啓　❶残暑厳しい折柄、皆様にはご清祥のことと拝察いたします。

主文

さて、突然ですが、私こと、八月十日付けをもちまして○○会社を円満退社いたしました。❷入社以来十年間、親身のご温情に欲しましたこと、改めてお礼申し上げます。

❸この秋より、長年の夢でありました経営学の勉強のため、ロサンゼルスに二年間留学することになっております。遠隔の地ではございますが、今後とも、どうぞよろしくお願い申し上げます。

末文

取り急ぎ書中にてごあいさつ申し上げます。

敬具

妊娠による退職を知らせる

女性→取引先・顧客

前文

木の葉が色づく季節となりました。皆様には、お変わりなくお過ごしのことと存じます。

❶私ごとではございますが、来年の春に二人めの子どもが生まれるこ

Point

▼在職中にお世話になったお礼を忘れずに。▼退職後は会う機会がないと思っても、「変わらぬご指導を……」の一文は必要です。▼退職後の予定があれば、さしつかえない程度で書きましょう。▼定年退職の通知は暗い印象にならないように快活に仕上げましょう。

きまり文句

❶さて、私こと、このたび定年により、○○会社を円満退社いたすことになりました。

❶妊娠を機に退社し、家事と育児に専念することにいたしました。

❷在社中はひとかたならぬご高配を賜り、厚くお礼申し上げます。

❷在籍三十五年間つつがなく勤務することができましたのも、皆様方のご教導のおかげと深謝いたしております。

❷入社以来、公私ともに多大なご厚情を賜り、感謝の念にたえません。

主文

ととなり、これを機に八年間勤めました○○書店を退職することといたしました。❷在職中、皆様には大変お世話になり、感謝の言葉もございません。今後とも何かとお世話になることと存じますが、変わらぬご交誼《こうぎ》のほどお願い申し上げます。

末文

まずはお礼をかねて退職のごあいさつまで。

定年退職を知らせる

男性→取引先

前文

謹啓《きんけい》　霜枯《しもが》れの季節となりましたが、皆々様にはいよいよご盛栄の趣、お慶び申し上げます。

主文

❶さて、私儀《わたくしぎ》、このたび三十五年間勤続いたしました浜田電気産業株式会社を定年退職いたしました。❷在職中、大過なく過ごすことができましたのも、皆様のひとかたならぬご厚情の賜物《たまもの》と、深く感謝いたしております。

❸今後はしばらく自宅で休養し、いずれ機を見て再出発をいたす所存でございますので、相変わりませずご指導ご支援のほどよろしくお願い申し上げます。

末文

まずは略儀ながら、書中をもちましてお礼かたがたごあいさつ申し上げます。

謹白《きんぱく》

❸今後も委託として現在の職場に通うことになりましたので、これまで同様のご芳情を賜りますようお願い申し上げます。

❸幸いにして、来年の春より、同社の関連会社である○○会社に勤務することとなりました。

❸ただ今、小料理屋を夫婦で開くべく準備を進めております。開店の折りには改めてご連絡申し上げます。

まめ知識

■**関連語句**

退職・退社・退任・引退・退官・退く・降りる・辞める・辞する・辞任・辞職・離職・勇退・印綬を解く

■**意味**

ご交誼《こうぎ》：交際をしている人同士の親しい付き合い

転居の通知

一般的な転居の通知

男性→友人・知人

前文
拝啓　早春のみぎり、皆様にはご清栄のこととお慶び申し上げます。

主文
さて、私、❶このたび左記の住所に転居いたしましたので、お知らせいたします。小田急線○○○駅から徒歩十分、緑の多い閑静な住宅街にあるマンションです。❷お近くにお越しの際は、どうぞお立ち寄りください。

末文
敬具

後付け
新住所　〒○○○−○○○○
東京都世田谷区○○○−○○
☎○○−○○○○−○○○○
小森　誠・道子

新築による転居を知らせる

女性→知人

前文
拝啓　めっきり秋らしくなってまいりました。その後、皆様お変わりございませんでしょうか。

❶私ども、かねてより新築中のわが家がようやく完成し、このほど引っ越しを終えました。新築の一戸建てといえば聞こえはよいのですが、

Point
▼新住所、電話番号、郵便番号の必要事項は、間違いのないよう見直しをしましょう。▼読みにくい地名にはふりがなをふると親切です。▼親しい人には、転居しての感想、家族の様子なども書き添えましょう。▼新築の場合は、自慢げな表現にならないよう注意しましょう。

きまり文句

❶転居のお知らせを申し上げます。
❶手頃な引っ越し先がみつかり、転居いたしました。
❶このたび左記に移転し、気持ちも新たに新春を迎えることとなりましたのでお知らせ申し上げます。
❶念願のマイホームを、左記の住所に新築いたし、四月末より新しい地での生活を始めました。
❶このたびの転任に伴い、左記の住所に落ち着くことになりました。
❶主人の転勤に伴い、家族一同大阪

主文

木の香りと壁の白さだけがとりえの小さな住まいです。それでもやっと手に入れたマイホームですので、気持ちも新たに家族四人はりきっております。

当地は、中央線の○○駅からバスで十二分、バス停から歩いて三分のところです。都心からはだいぶ離れてしまいましたが、周囲には小高い丘や林もあって郊外らしい風景や自然も残されております。❷ぜひ、ご家族おそろいで遊びにいらしてください。お待ちいたしております。

末文

敬具

転勤による転居を知らせる

男性→学生時代の先輩

前文

昨年末の忘年会以来すっかりご無沙汰《ぶさた》しておりますが、お元気ですか。

主文

❶私、このたび○○産業株式会社の仙台支店に転勤となり、左記住所に転居いたしましたのでお知らせします。

あわただしい出発だったため、お会いできなかったのが残念です。

初めての土地なので何かと心細くもありますが、楽天家の気質を発揮して、こちらの生活にも早く慣れ、楽しみたいと思っています。❷新幹線で二時間と思えば近いもの、ぜひ一度遊びにおいでください。

末文

まずは取り急ぎ、お知らせまで。

へ引っ越しいたしました。

❷少し遠くはなりましたが、今まで同様にお立ち寄りください。

❷地図を同封いたしました。お時間がございましたら、ぜひ一度遊びにおいでください。

まめ知識

■関連語句

転居・移転・転宅・転住・引っ越し・住み替える・引き移る・引き払う・宿替え・転出・転入・移住

開業・開店の通知

開業の通知

男性→取引先

前文

謹啓《きんけい》

初秋の候、皆様にはますますご隆盛のことと存じ上げます。日頃は何かとお世話になり、深く感謝いたしております。

主文

さて、私こと、❶このたび八年間在職いたしましたヒライ建築を円満退職し、十月一日より川崎に自分の事務所、山崎建築設計事務所を開設することとなりました。

在職中は格別のお引き立てにあずかり、誠にありがたく厚くお礼申し上げます。今回まがりなりにも独立がかないましたことは、皆様のご支援あらばこそと、深く感謝いたしております。

❷今後は、個人住宅まで視野に入れて幅広く手がけていきたいと考えておりますが、なにぶんにも未熟者でございますので、なにとぞ皆様方のご教導《きょうどう》を賜りますよう、ひとえにお願い申し上げます。

まずは、書中をもちまして、お礼かたがた独立開業のごあいさつを

Point

▼会社（店）の名前・住所・電話番号・営業開始日・所在地の地図などをはっきりと書きましょう。▼過剰な宣伝にならないよう注意しましょう。▼お店の場合、気楽に来てもらえるような文章を工夫しましょう。▼開店セールなどがあるときは忘れずに書きましょう。

きまり文句

❶このたび独立を果たし、○○事務所を開設する運びとなりました。

❶来る四月十日、左記の場所にレストラン「○○」を開店いたします。

❶念願の雑貨のお店「○○」を開くことになりました。

❶長年の夢でありました○○の店を開店することとなりました。

❷……をモットーに邁進する所存であります。

❸どうぞお気軽にお立ち寄りください。おいしいワインをご用意してお待ち申し上げております。

末文

申し上げます。

謹白《きんぱく》

開店の通知

女性→友人・知人

前文

拝啓　街路樹の葉が色づく季節となりましたが、皆様いかがお過ごしでしょうか。

主文

さて、私❶このたび、かねてより準備を進めておりました、手づくりケーキの店「ココア」を開店することとなりました。

無類の甘いもの好きが高じた末の開店ですので、どなたさまにもご満足いただけるのではないかと思っております。

○○駅南口から徒歩五分、花屋さんのとなりに、十月十日午前十時にオープンの予定です。

当日は、先着一〇〇名の方に手づくりクッキーのプレゼントも行う予定ですので、❸皆様お誘い合わせのうえ、お気軽にお立ち寄りくださいますようお願い申し上げます。

末文

まずは開店のお知らせまで。

かしこ

❸散策かたがたお越しいただければ幸いに存じます。

まめ知識

■関連語句

開店・開業・開設・開局・創業・発足・店開き・起業・独立・独り立ち・一本立ち・出発

■意味

ご教導《きょうどう》：進むべき方向を教え、個人的に指導すること

入院・退院の通知

息子の入院を知らせる

女性→夫の両親

前文

前略　ごめんください。

主文

お父様、お母様には、せっかくの楽しいご旅行からお帰りのところ、よいお知らせではないので恐縮ですが、❶昨日、拓人がバイクで走行中に車と接触事故を起こし、武蔵市の武蔵病院に入院いたしました。

左足首を骨折し、全治二カ月ということですが、❷幸い生命に別状はなく、後遺症のおそれもないということですので、まずはご安心ください。

後ろからきた車が強引に左折しようとして巻きこまれたようで、拓人には非はないようです。

バイクの危険性については、常日頃口やかましく申しておりましたけれど、現実のこととなって、一瞬生きた心地がしませんでした。本人もびっくりしているようで、これを機にバイクをやめてくれれば言うことはないのですが。

Point

▼入院の通知では、病名と病状、おおよその入院期間などを伝えます。▼オーバーな表現で心配を大きくすることがないよう気をつけます。▼親しい友人へは、面会時間を書いてお見舞いを頼んでもよいでしょう。▼退院の通知は、退院後あまり間をおかずに出しましょう。

きまり文句

❶昨夜遅く、祖母が○○のため緊急入院いたしました。

❶父が今朝、自動車にはねられてけがをしました。幸い軽症ですみましたが、念のため晴海病院に入院いたしました。

❶医師と相談しまして、この九月三日より、入院して治療を受けることにいたしました。

❶しばらく入院し、様子を見ることになりました。

❷手術も無事にすみ、危険な状態は脱しましたので、ご安心ください。

末文

お帰りのころ、改めてお電話でくわしい経過をご報告いたします。
取り急ぎお知らせまで。

かしこ

身内の退院を知らせる

男性→親戚・知人

前文

拝啓
晩秋を迎え、朝夕の冷えこみが厳しくなりましたが、皆様にはつつがなくお暮らしのことと存じます。

主文

さて、❸妻有子こと、長らくご心配おかけいたしましたが、おかげさまで経過もよく、十一月十八日、無事退院いたしました。
病気入院中には、温かい励ましのお言葉をいただいたうえ、お見舞いまで頂戴《ちょうだい》いたし、誠にありがとうございました。皆様のお心づかいに本人はもちろんのこと、家族一同どれだけ勇気づけられたかわかりません。
しばらくは自宅での静養を言いわたされていますが、❷年明けには元気な姿を皆様にお見せできると存じます。

末文

まずは書面にて退院のご報告とお礼を申し上げます。

敬具

❷おかげさまで経過もよく、来週末には退院できるとのことです。

❷来年の春までには退院して、学校に戻ることができそうだと、お医者さまもおっしゃってくださいました。

❸長く患っておりました母ですが、おかげさまで昨日元気に退院しました。

❸すっかり健康を取り戻し、元気に帰ってまいりました。

まめ知識

■関連語句

発病・罹病・病む・患う・罹る・害する・長病み・長患い・怪我・負傷・療養・闘病・静養・保養・休養・養生・治療・手術・施術・退院・全快・全治・全癒・回復・治癒・快癒・快方・治る

2 招待・案内・勧誘の手紙

招待・案内・勧誘の手紙は、送るほうも受け取るほうも楽しいお知らせが多いもの。できるだけ明るい雰囲気の文面を心がけましょう。

相手がつい出かけたくなるように、書き出しの時候のあいさつの部分や結びの部分で、親しみを込めた誘いかけを行います。くれぐれも、強引な言い回しにはならないように注意しましょう。

また、用件や事柄を相手に正しく伝えることが求められますから、集まる目的を明記し、日時・場所などの必要事項は正確に書きます。費用がかかる場合ははっきりと金額を記し、当日その場で集めるのか、あらかじめ送っておくのか、その集め方も書いておきます。

これらの項目は、箇条書きにすると、よいでしょう。

会場については、簡単な地図を添えると親切です。目印などを書き込み、駐車場の有無も書き添えておきましょう。気軽な会合には会場のホームページから出力したものでもよいでしょう。

これらの手紙は、返事をもらうことを前提として出すものです。出欠を確認する場合は、返事の期限を明記し、はがきのときは往復はがきに、封書の場合も返信用封筒などを同封します。

個人宅への招待は、手書きで書きますが、結婚披露宴の招待状や新年会・忘年会の案内状など、一度にたくさん出す場合は印刷するのが一般的です。儀礼的な仕事上の会合は、形式にのっとって書き、白封筒を使い、墨で表書きをします。

① **前文**

② **目的** 案内の趣旨を簡潔に書きます。

③ **内容** 出席したくなるように、文面を工夫しましょう。

④ **記書き** 日時・場所・目的地を明確に記します。

⑤ **副文** 返事の期限を明記します。

拝啓　皆様いかがお過ごしでしょうか。

さて、恒例となりました一宮高等学校三年六組のクラス会を、左記のとおり開催することになりましたのでご案内申し上げます。

今回は趣向を変えて、箱根の温泉で一泊し、少し贅沢《ぜいたく》に旧交を温めて親睦を深めようということになりました。我がクラスの担任だった滝沢先生も我々との再会を楽しみにされています。

お仕事や家事にお忙しいとは存じますが、何とぞふるってご参加くださいますようお願い申し上げます。

敬具

記

日　時　九月二十五日（土）～二十六日（日）

集合時間　二十五日（土）午後三時

（三時三十分発ロマンスカー）

集合場所　新宿駅小田急線ロマンスカー乗り場

目的地　箱根強羅温泉・銀水荘

なお、ご出欠のご連絡は、九月五日までにお知らせくださいますようお願い申し上げます。

結婚披露宴の招待状

本人の名前で出す招待状

男女⇒親戚・知人・友人

前文
主文
末文
後付け

謹啓《きんけい》　若草の萌《も》え立つこの頃、皆様にはますますご清栄のこととお慶び申し上げます。

さて、❶私たち二人、共に生きることを決意し、来る六月三日（土）に、結婚式を挙げることになりました。❷つきましては、日頃お世話になっている皆様をお招きし、ご披露を兼ねてささやかなパーティーを開きたいと存じます。ご多用中恐れ入りますが、同日午後四時に、洋光会館小ホールへ❸ぜひお運びくださいますよう、お願い申し上げます。

敬具

平成○年九月吉日

松崎　一平
野村　祥子

Point
▼差出人を双方の親にする場合と、結婚する本人の連名にする場合があります。▼遅くとも、挙式の一カ月前頃までには出すようにしましょう。▼友人主催のパーティーの場合、会費制ならばその金額、平服か礼服か、幹事の名前と連絡先などを記します。

きまり文句

❶このたび良縁を得てめでたく挙式の運びと相成りました。

❶私たち二人、新たな人生をスタートすることになりました。

❷つきましては、将来幾久しくご厚誼ご指導を賜りたく、ご披露を兼ねて粗餐を差し上げたく存じます。

❷つきましては、結婚のご披露かたがた祝宴を催したく存じます。

❷ご光臨の栄を賜りたく、この段ご案内申し上げます。

❷ぜひご列席いただけますよう、謹んでお願い申し上げます。

親の名前で出す招待状

男性→親戚・知人・友人

前文

謹啓　❶秋涼《しゅうりょう》の候　皆様にはいよいよご清福の段お慶び申し上げます。

主文

さてこのたび、遠藤明夫様御夫妻の御媒酌《ばいしゃく》により、

北山幸一　長男　草介

川田浩司　次女　朝子

との婚約相整い、結婚式を挙げる運びとなりました。

❷つきましては、幾久《いくひさ》しく御懇情《ごこんじょう》を賜りたく、御披露かたがた小宴を催したいと存じます。諸事御多忙中誠に恐縮ではございますが、❸御来臨賜りますよう御案内申し上げます。

末文

敬具

記書き

記

日時　平成○年十一月三日(金)午後二時

場所　ホテル光洋　真珠の間

後付け

平成○年十月吉日

北山　幸一

川田　浩司

副文

なお、お手数ながら、御来否を五月十五日までに同封のはがきにて御一報くださいますよう、お願い申し上げます。

まめ知識

■関連語句

婚儀・婚礼・祝言・祝宴・三三九度・嫁入り・夫婦の契り

■意味

幾久《いくひさ》しい：相手の身の上に、ずっと長く幸福が続くことを願う主体の気持ちを表す

ご懇情《こんじょう》：相手に対する思いやりの深い親切な心

ご厚誼《こうぎ》：目上の方から好意を寄せてもらっていること。目上の方の親切心。

新年会・忘年会の案内

新年会の案内

男性→取引先

前文

謹んで新春のごあいさつを申し上げます。❶皆様には、ご清祥にて新年を迎えられたこととお慶び申し上げます。

主文

さて、❷新春の初顔合わせを兼ねまして、恒例の新年会を左記のとおり開催したく、ご案内申し上げます。

❸何かとご多忙とは存じますが、ぜひ一献お付き合いくださいますようお願い申し上げます。

記書き

記

日時　一月十日（土）午後六時〜八時

場所　中華料理銀座一番館

（有楽町駅下車、地図参照　電話○○○○─○○○○）

会費　金八千円（当日ご持参ください）

副文

なお、勝手ながら一月七日までに同封の返信用はがきにてご出欠の有無のご一報をいただきたく、お願い申し上げます。

Point

▼年末年始は郵便物が遅配になりがちなので、早めに出すようにしましょう。▼会場の電話番号は必ず明記すること。簡単な地図も同封すると間違いがありません。▼会費の金額や支払い方法もはっきりと書きましょう。▼参加者が親しい仲間なら楽しい文面を工夫したいものです。

きまり文句

❶皆様には、お元気で新年をお迎えのこととお慶び申し上げます。

❷新春恒例の新年会を左記の要領で開催いたします。

❷吉例の新年会を開催いたしたく、ご案内申し上げます。

❷大いに語り合って、心新たに新年をスタートいたしましょう。

❸ご予定も数々ございましょうが、ぜひご参集くださいますようお願い申し上げます。

❹今年も残り少なくなってまいりま

仲間うちの忘年会の案内

女性→趣味仲間

前文

❹今年もいよいよ押し迫り、皆様にはお忙しい日々をお過ごしのことと存じます。

主文

さて、❺年末恒例の「俳句の会・ほととぎす」の年忘れ会を左記により開くことになりました。今年もおいしい地酒と鍋料理を囲みながら、おおいに食べ、飲み、語り、そして今年最後の一句を楽しく詠み合いましょう。

❸多事多端な年の瀬ではございますが、ぜひご参加くださいますようお願い申し上げます。

末文

まずは右ご案内まで。

記書き

日時　十二月二十日（火）午後六時から

会場　割烹「ときわ」ＪＲ中野駅前

（同封地図参照　電話〇〇〇〇‐〇〇〇〇）

会費　五千円（当日ご持参ください）

幹事　織田明子　〇〇〇‐〇〇〇〇‐〇〇〇〇（携帯）

副文

なお、ご出欠のお返事は十二月五日までに、織田までご連絡ください。

❹今年も残すところわずかとなり、皆様には何かとご多忙のことと存じます。

❺皆様とともにこの一年を振り返り、新しい年を希望を持って迎えたく存じます。

❺一年のうさを払い、大いにリフレッシュして新年にのぞみましょう。

まめ知識

■関連語句

新年・新春・初春・年始・年頭・正月・年末・歳末・年の暮れ・年忘れ・年の瀬・師走

同窓会・クラス会の案内

●同窓会の案内

男性→同窓生

前文

拝啓　薫風《くんぷう》の候、貴下ますますご清栄の段、大慶に存じます。

主文

さて、[1]本年私どもの母校である旭南高校は創立五十周年を迎えました。つきましては、このめでたい祝賀年を記念して、左記のとおり同窓会を開催することとなりましたので、ご案内申し上げます。

ご多忙中とは存じますが、是非ともお繰り合わせのうえ、ご出席くださいますようお願い申し上げます。

敬具

旭南高校二十期同窓会会長　伊東武夫

記書き

記

日時　五月三十日(土)午後一時〜三時

場所　旭南高校白亜記念館

会費　六千円(当日、受付にて申し受けます)

副文

出欠のご連絡は、同封はがきにて五月十六日までに必着にてお願いいたします。

Point

▼学生時代を懐かしく思い出させ、誘いかけるような文面を工夫しましょう。▼恩師が出席するなら、その旨も記します。▼日時・会場・会費・幹事の連絡先などの必要事項は、別記したほうがわかりやすいでしょう。▼出欠の返事をもらう場合は、返送の期日も忘れないようにします。

きまり文句

[1]恒例になりました松沢中学校の同窓会を、左記の要領で開催いたします。

[1]同窓相集い、旧交を温め親睦を深めたいと存じます。

[1]久しぶりに懐かしい友と旧交を温めたく、同窓会をすることとなりました。

[1]今年も、松沢中学三年二組のクラス会の季節がめぐってまいりました。

[1]クラス会を行い、かつての級友の

クラス会の案内

幹事→恩師

近況を確かめ合いたいと思います。

前文

拝啓　暦の上では春になりましたがまだまだ寒さの残る今日この頃。
ご無沙汰しておりますが、先生にはいかがお過ごしでしょうか。

主文

さて、❶このたび左記の要領で久々に○○高校三年一組のクラス会を開催することとなりました。卒業してから、早いもので四年となります。
私たち卒業生は春から新社会人としての生活が待っております。新生活の前にクラス会をという話が持ち上がり、先生にご連絡を差し上げた次第です。
新生活に向けてぜひ先生からお言葉を頂戴したいと思っております。ご多忙中とは存じますが、是非ともご出席いただきたくお願いいたします。

敬具

記書き

とき　三月十七日(土)　午後六〜八時
ところ　○○駅前　イタリアンレストラン△△

副文

なお、三月十日までに出欠のお返事を返信はがきにていただけると幸いです。

クラス会幹事　石川裕美（携帯○○○-○○○○-○○○○）

まめ知識

■関連語句
同級生・級友・学友・校友・クラスメート・母校・恩師・良師・旧師

祝い事への招待

●出版記念パーティーの案内

男性↓会員・知人

前文

拝啓　秋風が心地よい季節となりました。皆様にはお元気でご活躍の由、お慶び申しあげます。

主文

さて、このたび、私たち翻訳勉強会の仲間である由利雅彦さんが、イギリスの新進ミステリー作家P・ガーフィールドの著書の翻訳にあたられ、ミステリー出版から『△△△』と題して出版されました。

つきましては、❶由利さんの処女出版をお祝いするとともに、今後の一層のご活躍をお祈りして、左記により出版記念パーティーを開催したいと存じます。

末文

お忙しいことと存じますが、❷お繰り合わせのうえ、なにとぞご出席くださいますようお願い申し上げます。

敬具

記書き

日時　十月八日（水）午後五時～

場所　レストラン「ホムカ」（電話○○○○－○○○○）

会費　五千円

発起人代表　梶山　徹

Point

▼記念パーティーや祝賀会への招待状の文面では、パーティー開催の意義を明確に打ち出します。▼第三者的に、本人の功績や受賞などの栄誉を称えます。▼ややオーバーな表現になってもよいでしょう。

きまり文句

❶原田先生のご授賞のお祝いと今後のご活躍をお祈りして、祝賀の宴を催したくご案内申し上げます。

❶今後とも末永くご支援を賜りたく、心ばかりの粗宴を催したいと存じます。

❶これまでお世話になりました皆様をお招きして、開店当日の三月二十日十一時より、ささやかなパーティーを催したいと思います。

❶開店に先立ちまして、ご披露の小宴を催したく存じます。

❷皆様、ふるってご参集ください。

❷お気軽にお出かけいただきたく存

開店パーティーの招待状

女性→知人

前文

拝啓
日ごとに春らしさを増し心浮き立つ今日この頃、皆様にはお健やかにお過ごしのことと存じ上げます。

主文

さて、❸来る三月二十日（日）、かねてより準備を進めてまいりました子供服専門店の「ギンガム」を、青山一丁目に開店する運びとなりました。これも、❹ひとえに皆様方の温かいご支援とご指導の賜物《たまもの》と深く感謝いたしております。
つきましては、❶開店の前日、土曜日の午後一時よりお世話になった方々をお招きし、新店舗のご披露を兼ねまして、ささやかな祝宴を催したいと存じます。お忙しいところ恐縮ではございますが、❷皆様お誘い合わせのうえお越しくださいますようご案内申し上げます。お会いできるのを楽しみにしております。

末文

敬具

じます。

❸かねてよりお心づかいいただいておりましたが、来る三月五日いよいよ喫茶店「エル夢」が開店の運びとなりました。

❸このたび、左記住所に事務所を開設いたしました。

❹ここまでくることができましたのも、ひとえに皆様のご後援によるものと感謝しております。

まめ知識

■関連語句
表彰・顕彰・受賞・称賛・激賞・絶賛・喝采・栄誉・栄光・誉れ

家庭の祝い事への招待

父の米寿の祝いの招待状

男性→父の友人

前文

拝啓　余寒の候、皆様にはお元気でご活躍のこととお慶び申し上げます。

主文

さて、来る三月六日、父作次郎が米寿《べいじゅ》の祝いを迎えることになりました。これも、皆様の平素のご支援あればこそと、つくづく感謝いたしております。

つきましては、❶当日午後四時頃より、日頃ご懇意の方をお招きし、小宅にてささやかな賀宴を催すこととなりました。父も、❷久々に皆様方にお目にかかれるのを楽しみにしております。

ご多用のところ大変恐縮ではございますが、一夕ご歓談いただければ幸甚に存じます。

末文

まずは右、謹んでご案内申し上げます。

敬具

Point

▼家庭の祝い事には、誕生祝い・長寿祝い・新築祝い・快気祝いなどがあります。▼内輪のパーティーの場合は、型にはまった文面ではなく、近況を知らせたり、料理や企画の内容を披露するなどして盛り上げるとよいでしょう。▼ほかの招待者も伝えると、楽しみが増します。

きまり文句

❶古希の誕生日の当日は、夕方五時から、小宅でささやかな祝いの宴を設けたく存じます。

❶このたび念願の新宅がようやく落成いたしました。つきましては、ご披露を兼ね、新築祝いを催したいと存じます。

❶入院中ご心配をおかけしました方々にお集まりいただき、心ばかりの祝い事をいたしたく存じます。

❶お見舞いいただきました皆様に、心ばかりのお礼の気持ちをこめ、

子どもの誕生パーティーの招待状

女性→叔父・叔母

前文

拝啓　うっとうしい長雨の中に、紫陽花《あじさい》が映える季節となりました。叔父様、叔母様、ご無沙汰《ぶさた》しておりますが、お元気でいらっしゃいますか。

主文

大樹が生まれてからというもの、わが家はてんてこまいの大忙し。新米ママの私は、狭い家の中を一日中飛び回っています。真吾さんも、お風呂やおむつをはじめいろいろと手伝ってくれて、二人で大奮闘しています。❸おかげさまで、大樹も順調に大きくなり、来月の十日で満一歳を迎えることになりました。

そこで、❶日頃お世話になっております親戚の皆様をお招きして、大樹の誕生会を、七月十日（土曜日）の午後二時から、わが家で開きたいと思います。

突然のご案内で申し訳ないのですが、ご都合はいかがでしょうか。

私の父母はもちろん、三浦の叔父様、叔母様もいらしてくださることになっています。お料理は私が腕をふるいますし、❷飲み物類は父が用意してくれるということですから、叔父様、叔母様はなんのお気づかいもなさらず、お気軽にお越しくださいませ。お目にかかれるのを楽しみにしております。

末文

では、よいお返事をお待ちいたしております。

敬具

床上げの祝いを設けさせていただきたくご案内申し上げます。

❶今年も例年どおり、わが家でクリスマスパーティーを開きたいと思います。

❷皆様にお目にかかれるのを、家族一同とても楽しみにしております。

❷何のおもてなしもできませんが、お運びいただければ幸いでございます。

❸来る七月十日、娘さやかが七歳の誕生日を迎えます。

まめ知識

■**関連語句**
祝賀・祝福・慶する・慶祝・慶賀・寿・ことほぐ・内祝い・心祝い・宴・小宴

■**意味**
幸甚《こうじん》：非常にありがたいこと

催し物の案内

●個展開催の案内

男性→友人・知人

前文

木々の緑が色あざやかな季節となりました。皆様にはお変わりなくお過ごしのことと存じます。

主文

さて、❶このたび、ささやかながら水彩画の個展を開催する運びとなりました。長年趣味として続けてまいりましたが、個展はなにぶん初めてのことですので、うれしいような恥ずかしいような複雑な心持ちです。作品は、昨年イタリアを旅したときの風景画を中心に、気に入ったものを約三十点ほど選びました。

❷お忙しいこととは存じますが、ぜひお立ち寄りいただき、ご批評をお聞かせいただきたくご案内申し上げます。私も期間中は常駐しております。

記書き

記

会期　五月一日(水)〜七日(火)　十時〜十八時(最終日十七時まで)

会場　銀座ギャラリー・タカナミ　有楽町駅から徒歩十分

(電話○○○○-○○○○)

Point

▼自分の催し物の案内では、自慢にならないように気をつけ、来てもらいたい気持ちを謙虚に伝えましょう。▼「ご多忙中恐縮ですが」などの言葉を添えて、強引に誘う文章にならないように注意しましょう。▼催し物の内容を具体的に紹介して、興味を持ってもらうのもよいでしょう。

きまり文句

❶この三年間、撮りためてまいりました街の風景を集め、作品展を開催することになりました。

❶恒例の安藤ピアノ教室発表会を、左記のとおり開催いたします。

❶人形劇団ひよこ座、秋の定期公演のお知らせです。

❶今回は、縄文時代の食文化に造詣の深い葉山先生にお越しいただき、「縄文人の食卓」と題した講演をしていただきます。

❶私の友人が、表参道沿いのエルギ

サークルの発表会の案内

女性→友人・知人

前文

拝啓　ひんやりとした秋気が心地よい今日この頃、皆様いかがお過ごしでしょうか。

主文

　さて、❶来る十月二十日（日）、私どもの合唱サークル「リズム」が恒例の秋の発表会を開くことになりました。

　今年は、サークル結成五周年ということもあって、会員一同いつにも増して熱が入っております。いつものポピュラー音楽や愛唱歌に加えて、初の試みである、ミニミュージカル「うそつきピーター」にも挑戦する予定です。

末文

　❷もしお時間がございましたら、ご家族おそろいでぜひおいでくださいませ。心よりお待ちいたしております。

敬具

記書き

記

とき　十月二十日（日）午後二時～四時

ところ　市民会館大ホール

入場料　無料

ャラリーで、来週末までグループ展を行っています。

❶本日は、徳川先生の作品展のご案内をいたしたく筆をとりました。

❷ご高覧いただければ幸甚に存じます。

❷お誘い合わせのうえ、お気軽にお越しください。

❷ご多忙中とは存じますが、お運びいただければ幸いです。

まめ知識

■**関連語句**

発表・披露・催し・開催・上演・公演・上映・興行

3 お祝いの手紙

結婚、出産、入学、合格、就職、栄転、長寿、快気、新築などなど、人生にはさまざまな祝い事があり、お祝いの手紙を書く機会もとても多いものです。

お祝いの手紙は、心から相手の気持ちになって自分の喜びを素直に表現することが大切です。相手とともに喜びを分かち合うという気持ちがなければ、美辞麗句を重ねただけのただの社交辞令になってしまいます。明るく弾むような気持ちを、自分の言葉で文章に表すよう心がけましょう。

また、手紙を出すタイミングも大切です。相手がもっとも喜びを感じているときに読んでもらえるよう、祝い事を知ったらなるべく早く出すようにします。

お祝いの手紙には、伝統に則した祝い方の形式がありますが、親しい相手であれば、祝福を素直に表現し、個人的なエピソードなどを盛り込むとよいでしょう。

相手の喜びに合わせて出すものなので、時候のあいさつや相手の安否を気づかう言葉は省略してもかまいません。

しかし、手紙の締めくくりには、健康を願う一文を添えるようにしましょう。特に、出産した女性や、病気全快の人、長寿の祝いなどのときは、誠意を込めた健康への祈りを忘れずに書きます。

お祝いの手紙では、便せん・封筒とも上質の白のものを使い、インクは濃い黒か青を用いるようにします。

① **前文**
省略してもかまいません。

② **祝福**
打ち解けた文章で祝福の気持ちを素直に表します。

③ **健康を祈る**
母親の健康を気づかうことを忘れずに。

④ **末文**
省略してもかまいません。

男子ご出産のお知らせ拝受しました。心からお祝い申し上げます。

一人目の女の子に引き続き、待望の男の子のご誕生ということで、ご主人様もさぞお喜びのことでしょう。昔から子育てをするなら、一姫二太郎が理想と聞いていますし。

三三〇〇グラムの健康そのものの赤ちゃん、母子ともに健康と伺い、安堵《あんど》いたしました。

ご主人様に似て眉の濃い精悍《せいかん》なお顔の赤ちゃんなのか、それともあなたに似て目のパッチリしたかわいらしい赤ちゃんなのか、いずれにしてもお目にかかるのが楽しみです。お名前が決まりましたら、すぐに知らせてくださいね。

出産についてはベテランのあなたのことだから心得ていることでしょうが、産後はくれぐれも十分に静養なさってください。これから、お子様二人の子育て、何かと忙しい日々が待ち受けているのですから。

まずはお祝いまで。

結婚を祝う

友人の結婚を祝う

女性→友人

主文

①このたびはご結婚おめでとうございます。

かねてからご交際中とは伺っていましたが、晴れてゴールインされたとのうれしいお便り、本日拝見いたしました。

②お二人の新しい旅立ちを心からお祝い申し上げます。

あなたが選ばれたご伴侶《はんりょ》ですから、きっとすてきな方でしょうね。

③さぞかしお似合いのカップルだと思います。お目にかかる日を楽しみにしております。

④どうぞ幸せなご家庭を築かれますようお祈り申し上げます。

なお、心ばかりのお祝いの品を別便で送らせていただきました。お二人の食卓でお使いいただければ幸いです。

末文

⑤まずは書中にてお祝いまで。

かしこ

Point

▼礼儀正しい文章を心がけ、自分の喜びを素直に表します。▼タブーとされている忌み言葉に注意します。▼結婚後、時期を逃さずできるだけ早く出しましょう。▼新郎新婦の相手について、知っていることがあったら、さりげなくほめる言葉を添えます。

きまり文句

①来春にお式を挙げられるとのこと、本当におめでとうございます。

①承りますれば、ご令嬢明美様にはこのたびめでたく華燭《かしょく》の典を挙げられました由、心よりお祝い申し上げます。

②新しい人生の門出を心からお祝い申し上げます。

②すてきなご夫婦の誕生を心より祝福いたします。

③お似合いのご夫婦と拝察いたします。

④明るく楽しい家庭を築き上げるよ

知人の息子の結婚を祝う

男性→知人

前文

拝啓

初夏のすがすがしさを感じるこの頃、ご一同様にはますますご清祥のことと存じます。

主文

❶このたびは、貴家ご子息孝一郎様には、めでたくご婚儀を挙げられました由、心からお祝い申し上げます。❻ご両親様のお喜びもいかばかりかと拝察いたします。

孝一郎様には、誠に良きご伴侶を得られ、仕事にも一段と磨きがかかることと存じます。承《うけたまわ》りますれば、ご新婦様は幼稚園の保育士をされていた方とのこと、必ずや明るく幸せな家庭を築き上げていかれるに違いありません。

いずれ伺いまして、改めてご祝辞を申し上げたいと存じます。

ほんのしるしばかりのお祝いの品を送らせていただきました。どうぞお納めくださいますようお願い申し上げます。

末文

❺まずは書面にてお祝い申し上げます。

敬具

う、心からお祈りいたします。

❹いつまでもお幸せにと、お祈りしております。

❺略儀ながら書中にてご祝詞申し上げます。

❻お二人はもとより、ご親族の皆様のお喜びもひとしおであったことと存じます。

まめ知識

■タブー言葉

去る・出る・切る・帰る・戻る・冷える・枯れる・壊れる・重ねる・破れる・再び・返す返す

■意味

華燭《かしょく》の典：他人の結婚式を祝って言う言葉

出産を祝う

知人の出産を祝う

男性→目上の知人

前文

謹啓《きんけい》　木々の緑が目にあざやかに映る季節となりました。後藤様にお
かれましてはいっそうご健勝のご様子、お慶び申し上げます。
❶承りますれば、このたび奥様には待望の女のお子様をご出産とのこ
と、謹んでお祝い申し上げます。特に、❷お二人目までが男のお子様で、

主文

一人ぐらい女の子が欲しいとおっしゃっていらした田中様のお喜びよ
うはいかばかりかと存じます。❸きっと奥様に似てきれいなお嬢様でい
らっしゃることでしょう。
ご出産の経過も順調とのこと何よりでございますが、❹用心が第一と
心がけ、どうかご自愛専一《じあいせんいつ》になさいますようお願い申し上げます。
別便にて、心ばかりのお祝いの品を送らせていただきましたので、
ご笑納《しょうのう》ください。

末文

まずは書面にてご祝詞申し上げます。
敬白

Point

▼無事に生まれたことを祝し、母親の努力をねぎらい、母子の健康を祈る気持ちを込めましょう。▼相手が誰であっても、出産した女性本人への気づかいを忘れずに。▼とりあえず祝電を打ち、改めて祝福の手紙を出すのも時機を逃さないよい方法です。

きまり文句

❶このたびは奥様がめでたく男の子をご出産とのこと、心よりお慶び申し上げます。
❶承りますれば、このたびはお嬢様がめでたく女児ご出産との由、謹んでお祝い申し上げます。
❶ご希望どおり、女のお子様をご出産とのこと、皆様さぞお喜びのことと拝察いたします。
❷ご主人様をはじめ、ご一家の皆様のお喜びようが目に浮かぶようです
❸ご主人様に似て、たくましい立派

姪の出産を祝う

女性→姪

主文

由貴ちゃん、おめでとう。

①たった今、男の子を無事ご出産とのお知らせ拝受しました。初産だし、それに由貴ちゃんはモデルさんみたいにスマートだから、陰ながら心配していましたが、本当によくがんばったわね。心からうれしく思います。

三八〇〇グラムもある、元気で立派な赤ちゃんなんですってね。きっと、貴広さんのようにがっちりとしたスポーツマンに成長するのでしょう。②貴広さんとご両親様も、さぞかしお喜びのことと思います。

お名前はもう考えてあるのかしら。決まりましたら、すぐにお知らせくださいね。

姉さんがついているのだから心配ないと思いますが、④くれぐれも無理をせず、お体を大切になさいますように。産後は気がゆるんで、とかく風邪など引きがちですから。

⑤今月末の連休には、赤ちゃんのお顔を見に伺いたいと思っています。

末文

まずは取り急ぎお祝いまで。

な男の子でしょう。

④奥様にはご自愛専一になさいますよう、お子様には順調に発育なさいますよう、お祈りしております。

④産後は用心が第一と心がけ、どうぞ十分にご静養ください。

⑤赤ちゃんのかわいいお顔を拝見できる日を楽しみにしております。

⑤近々、赤ちゃんのお顔を見せてもらいに伺います。

まめ知識

■タブー言葉

流れる・短い・弱い・浅い・折れる・崩れる

■意味

自愛専一《じあいせんいつ》：自分の体を大事にすることを第一としてください

ご笑納《しょうのう》：つまらない物ですが、お笑いぐさまでに受け取ってくださいという意味を含めて何かを贈るときのあいさつ語

初節句・七五三を祝う

●初節句を祝う

女性↓夫の上司

前文

拝啓　初がつおが出回る季節となりましたが、皆様にはつつがなくお過ごしのことと存じます。

主文

❶端午《たんご》の節句が近づいてまいりましたが、今年はご長男の秀人ちゃんの初節句ですね。誠におめでとうございます。

❷かわいらしい盛りで、さぞかしご家族の皆様も喜びに満ちていることと拝察いたします。❸秀人ちゃんがすくすくとお育ちになることを心よりお祈り申し上げます。

❹私どものささやかな気持ちとして、小さな武者人形を贈らせていただきます。武者人形のようなたくましいお子に育つようにと願いを込めまして。

末文

かしこ

Point

▼初節句のお祝いには贈り物をするのが普通です。お祝いの品は桃の節句なら二月中頃までに、端午の節句なら四月中頃までに届くように贈ります。▼男の子と女の子でお祝いの言葉も多少違ってきますが、あまりこだわらないほうがよいようです。

きまり文句

❶桃の節句が近づいてまいりましたが、今年は美里ちゃんの初節句ですね。心よりお祝い申し上げます。

❶幸也君にとっては、初めての端午のお祝いですね。

❶ご長男にはめでたく七五三をお迎えの由、心よりお慶び申し上げます。

❷目に見えてすくすくとご成長され、ご両親様もさぞお喜びのことと拝察いたします。

❷日増しにご成長され、皆様さぞお楽しみのことと存じます。

姪の七五三を祝う

女性→義弟

前文

拝啓　一日ごとに日脚《ひあし》が短くなり、秋の深まりを感じるようになってまいりました。

ご無沙汰《ぶさた》しておりますが、皆様お元気でしょうか。私どもは、みな変わりなく暮らしております。

主文

さて、❶このたびは美希ちゃんの七五三のお祝い、まことにおめでとうございます。

❺この前お邪魔したときには、たしか初節句を迎えたばかりでしたのに、もう三歳になったのですね。黒目がちの目と、ぽっちゃりしたほっぺがとても印象的だった美希ちゃん。私のために、お料理やお菓子を一生懸命取り分けてくれようとしたやさしい美希ちゃん。晴れ着姿も、どんなにか愛らしいことでしょうね。❸このまま健やかにお育ちになることを、心よりお祈りしております。

❹お祝いのしるしとして、商品券を同封しましたので、美希ちゃんの好きなものを買ってあげてください。七五三のお写真、楽しみにお待ちしております。

末文

末筆ですが、奥様にもくれぐれもよろしくお伝えください。

まずは、七五三のお祝いまで。

敬具

❸お嬢様の健やかなご成長と、皆様のご多幸をお祈りいたします。

❹すくすくとしたお育ちをお祝いして、南武デパートより武者人形を送らせました。

❺ご誕生はついこの間のことと思いましたのに、月日のたつのは早いものですね。

まめ知識

■ミニ知識

初節句は生まれた子どもが初めて迎える節句。男子は五月五日の端午の節句、女子は三月三日の桃の節句。七五三は男子は三歳と五歳（普通は五歳だけ）、女子は三歳と七歳にあたる年の十一月十五日に、神社に参詣して無事成長を祈る行事。

入学・合格を祝う

●子どもの小学校入学を祝う

女性→本人の親

前文

拝啓
ひと雨ごとに暖気加わる今日この頃、皆様にはお変わりなくお過ごしのこととお慶び申し上げます。

主文

さて、❶この四月から礼治ちゃんもめでたく小学校へ入学されるとのこと、心よりお祝い申し上げます。これまで大切にお育てになったご両親様のお喜びもひとしおかと存じます。

いつもたくさんのお友だちに囲まれて元気いっぱいの礼治ちゃんですから、楽しい小学校生活を送られることでしょうね。かわいいランドセル姿が目に浮かぶようです。

礼治ちゃんの健やかなご成長をお祈りして、別便にて心ばかりのお祝いの品をお送りいたしましたので、お納めくださいませ。

末文

まずは書状にてお祝い申し上げます。

かしこ

Point ▼普通子どもが小さい場合は両親に、大きい場合は本人に出します。▼親に出す場合は、子どもの成長を一緒に喜ぶような文章にしたいものです。▼合格のお祝いは、これまでの努力や熱意を称え、今後のさらなる健闘を期待する言葉を述べましょう。▼あまり学校名にこだわるのは失礼になるので注意します。

きまり文句

❶このたびは、ご令息様が健やかにお育ちになり小学校へ上がられるとのこと、ご両親様のお喜びもひとしおかと存じます。

❶甘えん坊の弘樹君がもう小学校ご入学とは、月日のたつのは早いものです。

❶洋子ちゃん、いよいよ中学生ですね。おめでとう。

❷このたびは、ご長男の英司さんがみごと西城大学に現役合格なさっ

本人の大学合格を祝う

男性→甥

主文

洋平君、第一志望の西都大学医学部合格おめでとう。

高い競争率だから正直なところ案じていたのだけれど、❷見事難関を突破した君の熱意と努力には頭が下がります。本当におめでとう。

大学生、それも医学部の学生となると、レポートの提出や実習などで勉強も大変だろうけど、❸どうかいろいろなことにチャレンジして充実した学生生活を送られるよう願っています。お祝いの品は何がいいだろうとあれこれ考えたけれど、やはり学生なのだからと図書カードにしました。好きな音楽の本でも買ってください。

初めての東京での一人暮らしということで、洋平君以上にお母様が心配しておられるようだね。大宮の私の家はちょっと遠いけれど、顔を見せに来てください。いっしょに食事でもしましょう。また、何か困ったことがあったら遠慮せずに相談してください。微力ですが、いつでも力になります。

末文

末筆ですが、ご両親によろしくお伝えください。

たとのこと、心よりお祝い申し上げます。

❷難関の東栄高校に合格と伺い、我がことのように喜んでいます。

❷難関をみごと突破されたのは、日頃の努力の賜物と頭が下がります。

❸ご入学後もますます勉学に励まれ、充実した学生生活を送られることを期待しています。

❸悔いのない学生生活をお過ごしください。

まめ知識

■関連語句

入校・就校・入園・進学・及第・パス・通過・受かる・難関突破・名門・努力の賜物・刻苦勉励

■タブー言葉

消える・滑る・留まる・流れる・外れる

卒業・就職を祝う

● 卒業と就職を祝う

女性→いとこ

前文

桜の花もちらほらとほころび始めました。

主文

里美ちゃん、①このたびはご卒業、そして田中商事へのご就職おめでとう。②いよいよあなたも社会人としての一歩を踏み出すのですね。昔よく一緒に遊んだ、あの小さい里美ちゃんがもう社会人と思うと、月日の流れの早さをしみじみと感じてしまいます。

社会に出られると今まで以上に辛いこともあるかと思いますが、いつも何事にも全力投球で取り組んできた里美ちゃんのことですから、お仕事にもその経験は生かされることと思います。③いつまでも夢に向かって歩き続けてくださいね。

末文

末筆ながら、叔父様、叔母様にもよろしくお伝えください。

Point

▼希望どおりの仕事の場合はそれをお祝いする言葉を、就職先が人気企業の場合は当人の能力を称える言葉を加えるといいでしょう。▼説教じみたことはいわず、当人の不安を取り除いて励ましを与える文面にします。▼これまでの親の苦労をねぎらう言葉も添えたいところです。

きまり文句

①このたびは、ご令嬢の幸子さんが毎朝新聞社に就職決定とのこと、おめでとうございます。

①東都食品に就職が決まったそうですね。本当におめでとう。

①このたび社会人としてのスタートを切られたとのこと、誠におめでとうございます。

②とうとう四月から社会人としての生活がスタートするわけですね。

③実社会の厳しさに負けず、若い力を十分に発揮してください。

就職を祝う

男性→義兄

前文

拝復　寒さの中に春の足音が聞こえてくる今日この頃、皆様お元気のご様子、お慶び申し上げます。

本日、雅史君の大学ご卒業ならびにご就職のお手紙、うれしく拝見いたしました。

主文

❶かねてからご希望の西北テレビにご就職が決まっていらっしゃるとのこと、誠におめでたく、心よりお祝い申し上げます。❹ご両親様のお喜びもいかばかりかと拝察いたします。

雅史君といえば、まだ幼い頃よく私どもの家に泊まりに来ていたことが思い出されます。近所の子どもたちとすぐに仲よくなって、リーダーシップを発揮していましたね。また、少しでも興味をもったことは試してみずにはおれない、チャレンジ精神の旺盛《おうせい》なところもありました。こうやって考えますと、テレビの仕事はまさにぴったりだと思います。

❺雅史君のこれからのご活躍を陰ながらお祈りいたしております。雅史君に、くれぐれもよろしくお伝えください。

別便にてささやかなお祝いの品をお送りいたしましたので、お納めください。

末文

まずは書中にてご卒業とご就職のお祝いを申し上げます。

敬具

❹お父様、お母様のうれしさはいかばかりでしょうか。

❺今後のご健闘を心よりお祈りいたします。

まめ知識

■関連語句

卒業・巣立つ・得業・社会人一年生・人生の新たなスタートライン・船出・出発

就任・栄転を祝う

友人の昇進を祝う

女性→友人

前文

新緑のさわやかな今日この頃、お元気でいらっしゃいますか。

主文

本日、久しぶりに笹山先生にお会いして、❶滝田君の係長昇進のニュースを伺いました。おめでとう！　あの四葉商事で、しかもこんなに早い昇進とは、さすが笹山ゼミ一のがんばり屋と、我がことのように誇らしく感じます。❷係長ともなれば、これまで以上の激務となることでしょうが、健康にはくれぐれも留意して、いっそうのご活躍をお祈りしています。

河野君たちとも話していたのですが、近々、滝田君の昇進祝いを兼ねて、ゼミ仲間で集まりたいと思っています。その節は、笹山先生にもお声をおかけするつもりですので、滝田君の都合のいい日をお知らせください。

末文

まずは、お祝いまで。

Point

▼本人の能力が公的に認められたわけですから、祝詞とともに賛嘆の言葉を述べます。▼同僚の場合、あまりほめすぎるといやみにも聞こえがちなので注意します。▼これまで以上に忙しくなるわけですから、健康を気づかう言葉も書き添えたいものです。

きまり文句

❶日頃のご精励が認められてのご栄転、大慶に存じます。

❶かねてからのお噂どおりのご昇進、お慶び申し上げます。

❶田中商事に部長待遇で迎えられた由、心よりお祝い申し上げます。

❷今後はご苦労も多いかと存じますが、いっそうのご健闘を心よりお祈りいたします。

❷より責任の重いお立場に立たれることと存じますが、持ち前の才腕を存分に振るわれんことを期待しております。

上司の栄転を祝う

男性→元上司

前文

拝啓　仲春の候、湯本様並びにご家族の皆様におかれましては、ますますご清栄のこととお慶び申し上げます。

主文

さて、このたびは本社商品開発部部長にご栄転の由、誠におめでとうございます。❶

名古屋支社に移られてから丸三年、名古屋でのご活躍ぶりは本社に勤務する私達にも届いておりましたので、近いうちにこのようなお便りをいただけるのではないかと思っておりました。❸

入社したてで、毎日失敗の連続であった私に対し、湯本様は、厳しい中にも優しさの感じられる態度で、根気強くご指導くださいました。現在の私があるのも湯本様のおかげと、深く感謝いたしております。

商品開発部部長としてのますますのご活躍をお祈りするとともに、またご一緒にお仕事ができる日を心待ちにしております。❷

東京では今まで以上にご繁忙な毎日となられることと存じますが、いっそうご健康に留意されますようお願い申し上げます。また、近いうちに私どもで、ご栄転をお祝いする席を設けたいと存じますので、ご多忙中恐縮ですが、お時間をいただければ幸いです。

末文

まずは書中にて、ご栄転のお祝いを申し上げます。

敬具

❷今後とも敏腕を振るわれますことをお祈りします。

❷新任地でのさらなるご活躍をお祈り申し上げます。

❸貴兄のめざましい活躍ぶりは音に聞こえておりました。

まめ知識

■関連語句

栄進・躍進・抜擢・出世頭・要職・めざましい活躍ぶり・正当な評価・当然の結果・努力の賜物・厚い人望

受賞・表彰を祝う

●友人の文学賞受賞を祝う

女性→友人

主文

本日、雑誌で、①千恵さんが白い鳩文学賞の新人賞を受賞されたとの記事、拝見しました。本当におめでとうございます。

学生時代に仲間で同人誌のまねごとをしていたとき、いちばん真剣に取り組んでいて、いちばん読みごたえのある小説を書いていたのは千恵さんでしたものね。結局、同人誌は三号までで自然消滅し、みんなそれぞれ別の世界にいってしまったけれど、千恵さんはその夢を大切にして、会社勤めをしながらもずっと書き続けていたのですね。②その努力が実っての今回の受賞、本当にすばらしいことと感激に胸が震えました。

③本ができたら、さっそく読ませていただきます。

末文

まずはお祝いまで。

Point

▼お祝いの言葉を述べ、これまでの努力を称えます。▼前文は省略してもかまいません。▼受賞を知って驚いたとしても、「意外」「思いがけない」「信じられない」などの言葉は禁物です。▼タイミングを外さず、当人が喜びにひたっている間に着くようにしましょう。

きまり文句

①このたびのご入選、心よりご祝詞申し上げます。

①県美術展で見事金賞を射止められたとのこと、お祝い申し上げます。

②このたびの栄誉、日頃の研鑽《けんさん》の賜物と拝察いたします。

②平素のひたむきなご努力と情熱がついに報われ、我がことのようにうれしく存じます。

②いよいよ実力が世に認められ、今後さらに大輪の花を咲かせることと存じます。

③さっそく授賞作品を拝見させてい

恩師の美術展入賞を祝う

男性⬇恩師

前文
拝啓　仲秋のみぎり、ますますご清栄のこととお慶び申し上げます。

主文
①さて、このたびは、東日本美術展で金賞をご受賞とのこと、誠におめでたく、心よりお祝い申し上げます。

美術部に入部して初めて横田先生の絵を拝見したとき、その構図と色づかいの大胆さにショックを受けたのを覚えております。絵というのは、こんなにも自由に、自分の内面を表現していいものなのだと。私が現在、イラストレーターとしてつたない絵をかいていますのも、あのとき、先生の作品に魅せられたこと、これによるところが大きいように思っています。

あれ以来、先生が、一高校教師で終わるはずはないと思っておりましたが、私たちが卒業して三年後に学校をおやめになって創作の道に入られ、そして今回のご受賞、まるで自分のことのように胸が熱くなってしまいました。

③展覧会で先生の受賞作品を真近で拝見できるのが、待ち遠しい気がいたします。また、東海高校美術部同窓生でぜひ祝賀会をと計画が進んでおりますので、近日中に改めてご連絡させていただきます。

末文
まずは取り急ぎ書面にて、心からのお祝いを申し上げます。

敬具

ただくつもりです。

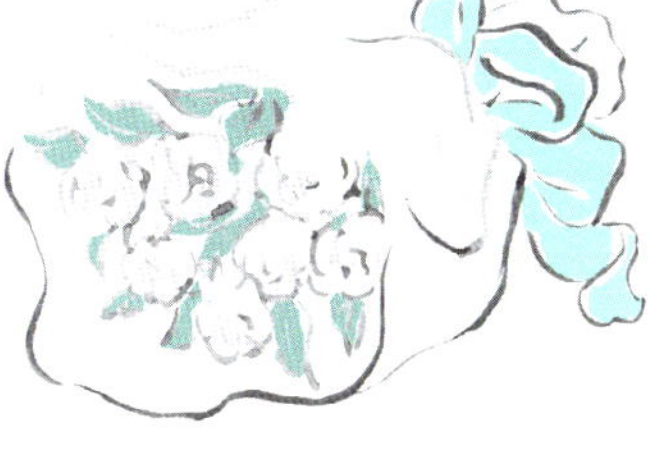

まめ知識

■**意味**
研鑽《けんさん》：着実に研究すること

■**タブー言葉**
意外・思いがけない・信じられない

新築・開業・開店を祝う

● 新築を祝う

男性→友人

前文

拝復　❶本日、待望のマイホーム完成のお便り、うれしく拝見しました。本当におめでとうございます。

主文

早くアパート暮らしから脱出したいと、君とはよく話したものですが、こんなにすぐにその夢を実現されるとは。そのご努力に敬服するとともに、うらやましい気さえします。緑の多い閑静な住宅街で、真知子ちゃんたちの小学校にも近いとのこと。奥さんや真知子ちゃん、佐知子ちゃんもさぞお喜びのことでしょう。

❷お言葉に甘えて、さっそく近いうちにご新居を拝見に伺いたいと思います。

末文

末筆ですが、寒さに向かう折柄、引っ越し疲れで風邪などひかぬようご自愛ください。まずはお祝いまで。

Point

ほめるポイント　▼新居を見ていないうちは、環境のよさや交通の便などをほめるポイントにします。▼新居を訪問しようと思っている場合は、その旨を書いておきましょう。▼開店・開業するまでの努力を称え、今後の繁栄を願います。▼経営者に不安を与えるような言葉は絶対に禁物です。

きまり文句

❶念願かなってのマイホーム完成、誠におめでとうございます。

❶新築中のお住まいがご落成とのこと、心よりお祝い申し上げます。

❶待望のご自宅を新築されたとのこと、住み心地はいかがでしょうか。

❷近々お祝いかたがた参上し、拝見させていただきたく存じます。

❷落ち着かれましたら、ぜひ一度お訪ねしたいと思います。

❸ペンション開業おめでとう！ついにやりましたね。

❸かねてご計画中のカフェをいよい

開店を祝う

女性→職場の元先輩

前文

拝啓　寒さも日一日とゆるみ、春の訪れをそこここに感じられるようになってまいりました。先輩には、お変わりなくお元気のことと存じます。

主文

3 このたび念願のフラワーショップのご開店、誠におめでとうございます。いよいよ、かねてからの夢がかなうわけですね。心よりお祝い申し上げます。

仕事帰り、買物帰りに気軽に一輪の花を求められるようなお店をつくりたい、送別会のときにそうおっしゃった先輩の真剣なまなざしが思い出されます。それから半年もたたないうちに、見事その言葉を実現されたのですから、先輩の意志の強さ、実行力には本当に感服いたします。

場所は自由ケ丘の商店街の中とのこと。最高の立地ですね。先輩のご経験、ご手腕、そして人並みはずれたご熱意はお店の経営に大きな力となることでしょう。

今後は、サンワ会社営業部で培《つちか》われた経営の才を存分に発揮されて、4 商売繁盛なさいますようにお祈りいたしております。

開店の当日には、ぜひ寄らせていただきます。しばらくは、お忙しい日が続くことと存じますが、どうかお体ご自愛ください。

末文

まずはお祝いまで。

敬具

よご開店とのこと、張り切っているご様子が目に浮かびます。

4 今後ますますのご精進を願い上げ、謹んで新事務所のご発展をお祈りいたします。

4 事務所のご繁栄と皆様のご多幸をお祈り申し上げます。

4 ご繁栄の長からんことをお祈り申し上げます。

まめ知識

■ **タブー言葉**

新築＝火・赤・壊れる・飛ぶ・傾く・流れる・倒れる・崩れる

開店＝さびれる・落ちる・閉じる・枯れる・終わる

長寿・金婚・銀婚を祝う

恩師の古希を祝う

男性→恩師

前文

拝啓　青田を渡る風が、ひとしお快く感じられる季節となりました。先生にはますますご清祥のこととお慶び申し上げます。

主文

❶伺いますところ、このたび古希《こき》を迎えられたとのこと、まことにおめでたく、心よりご祝詞申し上げます。

❷日頃のお元気なご様子を拝見していますと、とても古希をお迎えになるようなお年には思えませんでした。迫力あるお声とお姿は、野球部の監督をされていたあの頃と少しもお変わりなく、先生にお会いすると、かつての野球にかけた青春の日々がよみがえるような気がいたします。

❸どうぞこれからもお変わりなくお元気で、ご指導ご鞭撻《べんたつ》のほどなにとぞよろしくお願い申し上げます。

来月十日の祝賀会には、なにをおいても駆けつけさせていただきます。とりあえず書中にてお祝い申し上げます。

末文

末筆ながら、ご自愛専一《じあいせんいつ》に末永いご活躍をお祈りいたします。　敬具

Point

▼人生の先輩としての敬意の念を、素直に表しましょう。▼長寿のお祝い状は、誕生日の前後に出します。▼現役で働いている人には、あまり年齢を強調せず、今後の発展を願うといった文面にしましょう。▼今後の健康を祈る言葉は必ず入れましょう。

きまり文句

❶このたびは、めでたく古希をお迎えとの由、おめでとうございます。

❶このほど還暦を迎えられました由、心よりお慶びを申し上げます。

❶お父様にはご壮健にて古希をお迎えになりまして、大慶の至りに存じます。

❷いつも若々しくいらして、とても喜寿をお迎えになるお年とは思えません。

❸どうかお体をお大事になさって、今後とも私どもをご教導くださいますようお願いいたします。

伯父夫婦の銀婚式を祝う

女性→伯父・伯母

前文

拝啓　ひと雨ごとに春めいてまいりましたが、伯父様、伯母様にはお変わりなくお過ごしのことと存じます。日頃から何かとお気にかけていただきまして、本当にありがとうございます。

主文

4 さてこのたび、お二人には銀婚式をお迎えになるとのこと、心からお祝い申し上げます。お二人で力をあわせて一歩一歩、歩んでこられたことが、二十五年の歳月として実ったのですね。私たちのような駆け出し夫婦には銀婚式なんてはるか彼方のように感じられますが、そんな日々の積み重ねなのだろうなと最近少しわかってきた気がいたします。

いつもお世話になっておりますお礼の気持ちも込めまして、本日ささやかなお祝いの品をお送りいたしました。お気に召していただければ幸いです。

末文

これからも仲むつまじいお二人のご多幸を、心からお祈りいたしております。

かしこ

3 ご養生なさって、どうかいつまでも長生きしてくださるようお祈りいたします。

4 隆夫さん、京子さん、銀婚式おめでとうございます。

4 結婚二十五年を迎えられ、ますますご円満で、喜ばしい限りでございます。

4 ご夫婦そろってお元気に金婚式をお迎えとのこと、大慶至極に存じます。

まめ知識

■ミニ知識

長寿の祝い（賀寿ともいう）には、還暦（数えで六十一歳）、古希（七十歳）、喜寿（七十七歳）、傘寿（八十歳）、米寿（八十八歳）、卒寿（九十歳）、白寿（九十九歳）があります。

■意味

自愛専一《じあいせんいつ》：自分の体を大事にすることを第一としてください

快気を祝う

長期療養していた上司の全快を祝う

男性→上司

前文

拝啓　庭の鈴虫の声に秋の訪れを感じる今日この頃です。

❶このたびは、病気全快にてめでたくご退院とのこと、心よりお慶び申しあげます。

主文

企画部一同、毎日案じておりましたが、早々のご快癒《かいゆ》に安心いたしました。❷奥様やお子様もさぞやお喜びのことでしょう。

吉岡チーフがいらっしゃらない間、企画部はぽっかり穴があいたような、今ひとつしまらない感じで、私たちがいろいろな面でいかにチーフを頼りにしていたかを痛感いたしました。それでもチーフが帰って来られるまでは、なんとか私達で盛り立てていこうとがんばってきました。

あと一週間ほど静養なさったら出社されるそうですね。一日も早くお目にかかれることを願っておりますが、❸くれぐれもご無理はなさらないように、ご自愛専一《じあいせんいつ》になさってください。

末文

まずは、書中をもってご退院をお祝い申し上げます。

敬具

Point

▼相手の身になって、退院・全快を心からお祝いしましょう。快気祝いに限ってはオーバーすぎるということはありません。▼看病に当たった家族の苦労や心痛をねぎらう言葉も書き添えましょう。▼病後の身ですから、しばらくは十分な静養を願います。

きまり文句

❶このたびはご病気ご快癒とのこと、心よりお慶び申し上げます。

❶ご病気も全快されて、お床払いのお祝いをなさいましたとのこと、心よりお祝い申し上げます。

❶晴れてご退院とのお知らせに、心から安堵いたしました。

❶すっかりけがが回復された由、うれしく拝読いたしました。

❷ご家族の皆様のお喜びもひとしおでございましょう。

❷奥様の献身的なご看病の賜物と存じます。

友人の退院を祝う

女性→友人

主文

①退院のお知らせ、うれしく読ませていただきました。本当におめでとう。二カ月ぶりのご帰宅、ご気分はいかが？

ラグビーで鍛えた頑丈な山下くんのことだから、大事にはなるまいと思ってはおりましたが、思いのほか入院が長引いて心配していました。今はすっかり回復したとのことで、ほっとしています。それでも、あと一カ月は自宅養生を言いわたされているんですってね。行動的な山下くんのことだから、もう動きたくてうずうずしているのでしょうけど、無理は禁物。せっかくここまできたのだから、③お医者様のいいつけを守って、この際じっくりと静養なさってください。

④近いうちに、山下くんがお酒の次に好きな明太子を持って、元気な顔を見に伺います。そのときは改めてご連絡しますね。

寒い日が続いていますから、風邪など引かぬように。くれぐれもご自愛のほど、お願い申し上げます。

末文

まずは退院のお祝いまで。

③お仕事にお戻りになっても、ご無理をなさらないようくれぐれもお気をつけください。

③しばらくはご静養に専念なさってください。

④近いうちに全快のお祝いに参上したいと存じます。

④お元気なお顔を拝見しに、お宅へ伺わせていただきます。

まめ知識

■**タブー言葉**

繰り返す・重ねる・再び・追って・今一度・再三・続いて・たびたび

■**意味**

自愛専一《じあいせんいつ》：自分の体を大事にすることを第一としてください

4 贈り物に添える手紙

贈り物は本来、直接相手を訪ねて手渡すべきものですが、現在では、品物をデパートなどから発送するだけという場合が少なくありません。

だからといって、品物を送りつけただけでは、せっかく相手のことを考えて品物を選んだとしても、その心が伝わりにくく、十分礼を尽くしたことにはなりません。たとえ短い手紙でもかまいませんので、真心を込めた手紙を送るよう心がけましょう。

また、相手に品物が届いた後で、送ったことを届く手紙が届くようでは礼にかないません。品物と同時に着くようにするか、もしくはその前に届くように出します。

贈り物に添える手紙は、簡単な時候のあいさつに始まって、無沙汰の詫びなどを述べ、品物を発送したことを伝えます。

送った品物については、真心を伝えるのが目的なので、「つまらない品ですが」などと書くのは、かえって失礼になります。品物を選んだ理由は、「自分でも気にいった品でしたので」「お好きなものと伺っておりましたので」など、正直な気持ちを書きましょう。名産品であれば、その由来や使い方、食べ方などを書き添えておくと親切です。

また、デパートから発送すると配達日の確認が難しいので、「○月○日に□□デパートより発送させていただきました」などと明記します。

中元・歳暮の手紙は、一種のあいさつ状ですから、あまり関係のない用件や近況を長々と書いたりはしないようにします。

① **前文**

② **近況** 家族の無事を知らせます。

③ **中元** 中元を送ったことを知らせる一文を添えます。

④ **予定** 帰省の予定を知らせます。

⑤ **末文** 健康を気づかう言葉で締めくくります。

拝啓　ご両親様ならびにご家族の皆様、暑さも日ごとにつのっておりますが、ご機嫌いかがでしょうか。私どもは一同おかげさまで元気で暮らしておりますので、どうぞご休心ください。

　私は今の職場も四年目を迎え、中堅社員として毎日バリバリと仕事をこなしております。幸子は、趣味のアートフラワーに凝って、部屋の至る所に手づくりの花を飾って楽しんでいます。

　直樹は相変わらず腕白ですが、病気もせず元気に幼稚園に通っています。

　本日は、心ばかりの品をお送りしました。皆様でご賞味いただければと思います。

　来月十日から始まるお盆休みには家族そろって伺うつもりでおります。直樹が、裏山で虫捕りをするのを今から楽しみにしています。

　まだまだ炎暑が続きますが、お体にはくれぐれもご自愛くださいますようお祈り申し上げます。

敬具

中元に添える

●取引先へ贈る

男性→取引先

前文

謹啓《きんけい》
①向暑の候、貴社におかれましては、ますますご隆盛のこととお慶び申し上げます。
また、平素からひとかたならぬご懇意を賜り、心よりお礼申し上げます。

主文

つきましては、②日頃のご芳情に対し、いささかの誠意を表したく、本日、心ばかりの品をお送りいたしました。③ご笑納いただければ幸いに存じます。
本来は拝趨《はいすう》のうえご挨拶申し上げるべきところですが、略儀ながら書面をもちまして暑中のご挨拶に代えさせていただきます。

末文

なお、今後ともご高配を賜りますようお願い申し上げます。

謹白

Point ▼お中元の時期は、六月末から七月半ば頃まで。七月十五日を過ぎると「暑中お見舞い」、さらに立秋（八月八日頃）をすぎると「残暑お見舞い」として贈ります。▼時候のあいさつから始まり、無沙汰のお詫び、日頃お世話になっているお礼などを述べます。

きまり文句

①お暑い日々が続きますが、皆様にはご機嫌よくお過ごしのことと存じます。

①暑さも日ごとにつのっておりますが、お変わりありませんか。

①水銀柱の目盛りも天井知らずの夏の盛りですが、いかがお過ごしでしょうか。

②日頃ご無沙汰ばかりしているお詫びに、本日心ばかりの品をお送りいたしました。

②日頃の感謝のお印に、西急デパートより粗酒を届けさせました。

夫の実家へ贈る

女性→夫の両親

前文

拝啓　梅雨明け①を待ちかねたかのように連日暑い日が続いておりますが、皆様お変わりなくお過ごしでしょうか。

主文

わが家は志郎さんをはじめ亮子も太郎も、暑さ負けすることもなく、元気に暮らしておりますのでご安心ください。

志郎さんは相変わらず帰宅が毎晩深夜になりますが、休日出勤がなくなっただけでもよしというところでしょうか。最近は「疲れた」の口癖もずいぶん減り、定期検診の結果も特に問題ありませんでした。

亮子は中学のテニス部で、太郎は市の少年サッカークラブで、毎日練習に精を出しているようです。二人ともまだ夏休み前だというのに、真っ黒に日焼けして、前も後ろも区別がつかないほどなんですよ。

②本日は、お中元というほどではありませんが、お母さまの好物のメロンを別送いたしました。③どうぞご賞味くださいませ。

お盆休みは志郎さんの仕事の都合で帰省できませんが、お正月には家族そろって伺うつもりでおりますので、その節はよろしくお願い申し上げます。

末文

暑さ厳しき折柄、お体にはくれぐれもお気をつけください。かしこ

③珍しいものでもございませんが、どうぞご賞味ください。

③ご受納いただければ幸いに存じます。

③お中元には少々遅れてしまいましたが、暑中お見舞いとしてお受け取りいただければ幸いです。

まめ知識

■**意味**

笑納《しょうのう》：つまらない物ですが、お笑いぐさまでに受け取ってくださいという意味を含めて何かを贈るときのあいさつ語

拝趨《はいすう》：手紙文でこちらから相手方へ出かけて行くことの謙譲語

歳暮に添える

●お世話になった人へ贈る

男性➡お世話になった人

前文

拝啓
❶今年も残すところあとわずかになり、お忙しい日々をお過ごしのことと存じます。吉崎様ならびに奥様、お嬢さまにはお変わりないでしょうか。
夏の暑い盛りの時期に、妻の入退院のためにいろいろとお助けいただきありがとうございました。奥様には母が入院して不安がっていた娘の話し相手をしていただき、とてもありがたく思っております。秋口に退院したあとは何事もなく家族三人平穏な日々を過ごしております。

主文

❷本日は、お世話になりました感謝の気持ちと暮れのごあいさつを兼ね、南峰デパートより心ばかりのお歳暮を贈らせていただきました。ご賞味いただければ幸いです。

末文

❸向寒のみぎり、御身ご大切になさって、よき新年をお迎えになられますようにお祈り申し上げます。
敬具

Point
▼お歳暮は、日頃お世話になっている人に、一年間の感謝の気持ちを込めて贈るものです。▼十二月初めから二十日頃までに届くように贈ります。▼本来は直接手渡すべきものです。デパートから直接贈る場合もあいさつ状はきちんと出しましょう。そのときは品物より先に届くようにします。

きまり文句

❶年の瀬を迎え、何かと気ぜわしい日々をお過ごしのことと存じます。
❶本年も残すところわずかとなりました。
❷いつも変わりばえのしない品でお恥ずかしいのですが、お歳暮のおしるしまでに当地名産のワインをお送りいたします。
❷別便でお送りしました粗菓は、心ばかりのお歳暮のしるしでございます。
❸寒さもこれからが本番、風邪など

お得意先へ贈る

男性→得意先

前文

①謹啓《きんけい》
師走《しわす》のあわただしさに追い立てられる時期になりました。わが課も年末の決算に向けて、例年のごとく激務が続いておりますが、ファイトあふれる桜木部長のご精力に励まされております。

主文

②本日は、日頃の感謝の気持ちを込めまして、私の郷里、富山の地酒をお送りいたしました。桜木部長におかれましては、日本酒をお好みとのことで、おくつろぎの時間のお伴にしていただければ幸いです。お送りした品は、県内でも一、二を争うおいしさと最近評判のものでございますが、部長のお口に合いますかどうか。いささか心配ではありますが、なにとぞご笑納くださいますようお願い申し上げます。

末文

③寒さもいよいよ本番です。くれぐれもご自愛専一のうえ、ご健勝をお祈り申しております。

謹白

引かぬようご自愛なさってください。

③歳末で何かとお忙しい折柄、くれぐれもご自愛くださいますようお祈りいたします。

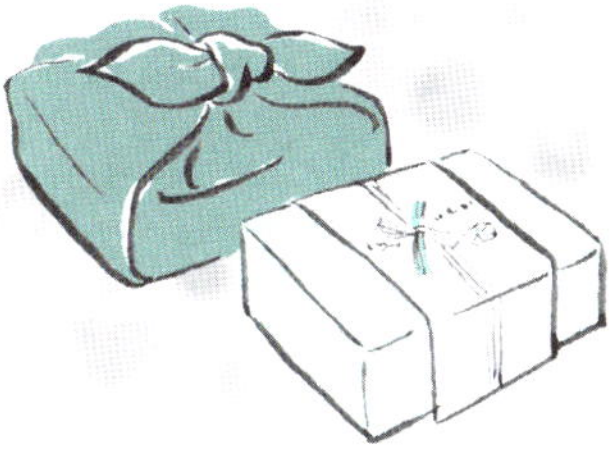

まめ知識

■ミニ知識

歳暮は、嫁いだ娘が、お正月の年神様に供える品を実家へ贈る習わしが残ったものといわれています。

土産・餞別に添える

海外旅行の土産を贈る

男性⬇妻の両親

前文

拝啓　虫の音が涼しげに聞こえる季節となりました。郷里のご両親様にはお元気でお過ごしのことと思います。

主文

さて、お話ししましたハワイ旅行から先日無事帰ってまいりました。当初は、ビーチに寝ころがって一日中ボーッとしていようなどと話していましたのに、いざ着いてみたらもったいなくて、ゴルフにドライブにショッピングにクルージングにと、大変欲張りな毎日でした。でも、おかげさまで洋子も私もリフレッシュして、気分も新たに仕事に励むことができそうです。

❶別便にて、ハワイのお土産をお送りしました。お母様には洋子がワンピースを、お父様には私がお酒を選びました。お口に合うかどうか心配ですがお納めください。

末文

時節柄お体をお大切に。

敬具

Point

▼土産を贈るときは、旅の思い出話はもちろん、土産物の由来や買ったときのエピソードなどを書き添えると楽しさが増します。▼餞別に添える手紙は、お世話になったお礼を述べ、新たな門出を祝います。▼餞別に現金を贈る場合は、金額は書かずに、「失礼ながら」などの表現を入れておきます。

きまり文句

❶旅のよもやま話は、後日お伺いした際にお話しするとして、まずはお土産の○○をお送りしました。

❶さすが本場の○○は、東京で食べるのとひと味もふた味も違いました。別送しましたので、ぜひご賞味ください。

❶全国に知られているだけあって、なかなかの味でした。旅先よりお送りしますので、皆様でお召し上がりください。

❷失礼ですが、別封は心ばかりのは

退職した同僚へ餞別を贈る

女性↓元同僚

前文

東京は春一番が吹きました。その後お元気ですか。私は年度末のあわただしさも一段落し、ほっと一息というところ。

主文

小山さんが会社を辞めて、はや二週間。お父様が不慮の事故でお亡くなりになってのご退職ということで、送別会どころかゆっくりお話もできず、とても残念でした。そこで大変遅くなりましたが、❷餞別として心ばかりの品をお送りしましたので、お納めください。

今後は、ご実家の書店をお母様と一緒に切り盛りなさるとか。バイタリティーあふれる小山さんのことだから、きっとうまくいくと思います。どうかがんばってください。

前にもお話ししたことがありますが、小山さんが住む岡山市は私の実家から車で一時間ほどの距離なんですよね。今度帰省した折にはぜひ寄らせていただきたいと思っています。そのときいろいろお話ししましょう。改めてご連絡します。

末文

末筆ながらお母様によろしくお伝えくださいませ。くれぐれも、お体お大切に。

なむけです。

❷ 些少ながら、お餞別のしるしまでにお送りいたします。

❷ 誠にわずかですが餞別を同封いたしましたので、どうぞお納めください。

まめ知識

■ **関連語句**

旅先・旅歩き・洋行・遊歴・回遊・巡遊・膝栗毛・南船北馬

■ **意味**

よもやま：世間。また、世間のさまざまなこと

季節の贈り物に添える

到来物を贈る

女性→子どもの習い事の先生

前文

立秋とは名ばかりの暑さが続いておりますが、先生には、お健やかにお過ごしのことと存じます。

主文

❶平素は、娘梨江子がお世話になり、ありがとうございます。

本日は、郷里山梨のぶどうを別送いたしました。私の実家がぶどう園をやっておりまして、毎年この季節になりますと❷送ってまいります。

今年は特に甘くて出来がいいということですので、❸到来物《とうらいもの》で失礼とは思いましたが、お福分けをいたしたいと存じます。どうかご笑納《しょうのう》いただき、皆様でお召し上がりくださいませ。

末文

残暑厳しき折、暑さ負けなどいたしませんよう、ご自愛専一《じあいせんいつ》になさってください。

Point

▼「特産物だから」、「実家から送ってきたから」など、贈り物をする理由を書きます。▼到来物を贈るときは、その旨を記すのが礼儀です。その際「おすそ分け」は失礼に当たるので「お福分け」を使います。▼特別の料理法や保存法がある場合は書き添えましょう。

きまり文句

❶当地名産の○○を別送いたしました。ご主人様のお酒のお伴にでもしていただけたら幸いです。

❶この季節、当地ではありあまるものでも御地では珍しいかと思い、○○をお送りいたしました。

❶当地自慢の珍味、話の種にと思って送ってみました。

❷珍しい物でもございませんが、当地名産の○○をお送りいたしましたので、ご笑納ください。

❷到来物ゆえにほんの少々で失礼ですが、お納めください。

特産のサクランボを贈る

男性→友人

前文

拝啓

毎日うっとうしい雨が続いています。ご無沙汰しておりますが、奥様はじめ、ご家族の皆様にはお変わりございませんでしょうか。

私どもも山形に越して、はや一年がすぎました。生活もすっかり落ち着き、新しい仕事にも慣れ、家族一同毎日ゆったりとしたリズムで暮らしております。

主文

こちらに来てつくづく感じるのは、本場の果物のおいしさです。果物などあまり食べたことはなかったのですが、やはり何でも本場物は違いますね。❶山形は、ナシ、桃、ブドウと果物の名産地ですが、この季節といったらサクランボ。そこで、貴兄にもぜひ味わってもらいたいと、本日別便にてお送りしました。貴兄とサクランボ、考えると妙な取り合わせですが、まあよしとして。

サクランボは傷つくと傷みやすいので、箱のまま保存したほうがよいそうです。❸皆様でご賞味いただけたらと思います。

末文

では、また会える日を楽しみに。

敬具

❷なにぶん一人では多すぎますので、失礼とは思いましたが、お福分けいたします。

❸お口に合いましたら幸いです。

まめ知識

■**意味**

到来物《とうらいもの》：よそからのいただき物。もらい物

ご笑納《しょうのう》：つまらない物ですが、お笑いぐさまでに受け取ってくださいという意味を含めて何かを贈るときのあいさつ語

お福分け《ふくわ》：もらい物の一部を他に分けてやること。おすそわけ

5 お礼の手紙

礼状を出さなければいけないケースはいろいろありますが、大切なのは相手の好意をありがたいと思ったら、その感謝の気持ちを素直に、いち早く相手に伝えることです。

時間がないから、いい言葉が浮かばないからといって日を延ばしてしまうと、すぐに出したものに比べて感動の薄いものになってしまいますから気をつけましょう。

電話でお礼を述べるのは、親しい人でない限りは失礼になります。世話になったり、贈り物をもらったりしておきながら、相手を電話口に呼びつけることになるからです。贈り物をもらった場合は、品物が届いたことを知らせる意味もありますから、必ず礼状を書くようにしましょう。

丁寧に書かれた礼状には真心が感じられます。そのためには、相手の好意がどのように役立ったかを、具体的に表現するとよいでしょう。感謝の念が自然と伝わってくるような文面を目指します。

言うまでもないことですが、形式的なお礼の言葉をいくつもならべるようなことは避け、自分の言葉で書くようにしましょう。

招待されたことに対するお礼の場合は、先方の心尽くしのもてなし、相手の幸せを願う気持ち、年配者へは健康を気づかう言葉などを添えます。

出産祝いのお礼では、赤ちゃんの元気な様子、災害見舞いのお礼では、被害の状況や近況をつけ加えることも忘れないようにします。

① **前文**
省略してもかまいません。

② **お礼**
感謝の気持ちを述べます。

③ **感想**
旅行の感想や思い出にふれます。

④ **お礼**
お礼の気持ちを重ねて述べます。

⑤ **末文**

拝啓　虫の音に秋の訪れを感じる頃となりました。そちらはもう秋も本番でしょうね。

叔父様、叔母様、先だっての北海道旅行の際には、お宅に泊めていただきましてどうもありがとうございました。お言葉に甘えて五泊もさせていただき、あちこちと車で案内までしていただいたうえ、おみやげまで頂戴《ちょうだい》してしまって、心よりお礼申し上げます。

以前から憧れていた北海道は、とてもすばらしいところでした。特に、叔父様たちがお住まいの知床の、荒々しくも懐かしい風景は忘れられません。叔父様たちが、あの土地に魅せられてお引っ越しなさったのもうなずけました。

とてもいい思い出ができました。本当にありがとうございました。父と母もよろしくと申しておりました。

これからの季節、東京では想像もつかないような厳しい寒さとなることでしょうが、くれぐれもお体ご自愛ください。

敬具

仲人や祝辞へのお礼

仲人へのお礼

男女⇒仲人

前文

主文

謹啓《きんけい》　桜の開花宣言が待たれる今日この頃、ますますご健勝にてお過ごしのこととお慶び申し上げます。❶このたびの私どもの結婚に際しましては、お忙しい中ご媒酌《ばいしゃく》の労を賜りまして誠にありがとうございました。

昨日、イタリア旅行から金沢の新居に帰ってまいりました。こうして無事新しい生活をスタートすることができますのも、田島様ご夫婦のお心づかいがあったからこそと、双方の両親ともども深く感謝しております。

何事にもいたらぬ私どもですが、❷田島様ご夫妻をお手本に、一日一日を大切にしながら心豊かな人生を二人でつくりあげていきたいと話し合っております。❸どうぞ今後ともよろしくご指導くださいますよう、お願い申し上げます。

❹近いうちに改めてお礼のごあいさつに伺いたいと存じますが、まずは書中をもちまして、お礼とご報告にて失礼させていただきます。

Point

▼仲人のお礼や披露宴での祝辞へのお礼、結婚祝いへのお礼は、たとえ短くても、きちんと手紙を書いたほうがよいでしょう。

▼仲人には、直接お礼を述べるのが礼儀です。とりあえず手紙を出しても、早めに必ず訪問するようにしましょう。

きまり文句

❶このたびは、私たちのためにいろいろとお骨折りいただき、心よりお礼申し上げます。

❶このたびは、私どもの挙式に際し、お心のこもったお世話をいただき、誠にありがとうございます。

❷これからは遠藤様ご夫妻のように、お互いを思いやって温かな家庭を築いてまいりたいと存じます。

❸今後とも幾久しくご教導くださいますよう、よろしくお願い申し上げます。

❹落ち着きましたら、ごあいさつに

末文

暦のうえでは春とはいえ、まだまだ寒い日が続きますので、ご自愛のほどお祈りいたしております。

末筆ではございますが、奥様にもくれぐれもよろしくお伝えくださいませ。

謹白《きんぱく》

披露宴での祝辞へのお礼

男性→恩師

前文

拝啓　⑤このたびはお忙しい中を私どもの結婚披露宴にお運びいただきましたうえに、お心のこもったお祝辞と丁重なお祝いの品をいただきまして、本当にありがとうございました。

主文

頂戴しました置時計は、リビングのいちばんいい位置に置かせていただきました。ヨーロッパ調のとてもすてきなからくり時計で、和子がたいへん気にいっています。

まだまだ未熟な私たちではありますが、⑥先生からいただきましたお言葉どおり、互いに助け合い信頼し合って温かい家庭を育んでまいりたいと思っておりますので、③今後ともご指導ご助言のほどよろしくお願い申し上げます。

末文

とりあえず、お礼のごあいさつを申し上げます。

敬具

伺わせていただきます。

④いずれ改めて、二人してお礼にうかがう所存でございます。

⑤私たちの結婚につきまして、真心のこもったご祝詞を賜り、厚くお礼申し上げます。

⑤このたびは、私たちの結婚に際し、お心のこもったご祝辞と結構なお祝いの品をいただき、ありがとうございました。

⑥先生にいただいたお言葉を胸に、二人で一歩一歩、進んでいきたいと思っております。

まめ知識

■**関連語句**

お心のこもった・お心尽くしの・丁重な・丁寧な・結構な・ありがたい・温かい・ご恵贈・賜る・いただく

出産祝いへのお礼

●夫の両親へのお礼

女性⬇夫の両親

主文

お義父さん、お義母さん、このたびは長男海斗の出産に際しまして、❶遠いところ産院にかけつけていただき、さらにお祝いにかわいらしいベビー服まで頂戴し、ありがとうございました。おかげさまで先日、退院し自宅へ戻って参りました。
生まれたときは、体重二四〇〇グラムと標準より少し小さめで心配したのですが、啓太さんに似て元気は人一倍で、順調に育っております。
なかなかこちらにいらっしゃれないと思い、スナップ写真を同封いたしましたので、どうぞご覧ください。

末文

いずれ親子三人でそちらにお伺いできればと思っております。お義父さん、お義母さんに子育てのこつをお伺いしたいとも思っておりますので、その際はよろしくお願いします。

かしこ

Point

▼赤ちゃんの様子、親になった心境、生活の様子などを書き添えると、心のこもった礼状になります。▼決まりきった美辞麗句を並べるだけでなく、感謝の気持ちを自分の言葉で述べましょう。▼赤ちゃんの写真を同封するのも、親しみが増すよい方法です。

きまり文句

❶このたびは妻の出産に際しまして、心のこもったお祝いの品をお送りいただき、誠にありがとうございました。

❶このたびは早々にご丁寧な祝辞とともに、お心尽くしのお品を賜り、厚くお礼申し上げます。

❶このたびは家内の出産につき、結構なお品をご恵贈くださいまして、ありがとうございました。

❶このたび次女出産に際しまして、さっそくお祝いの言葉をいただき、一同感謝いたしております。

同僚たちへのお礼

女性→同僚たち

前文

拝啓

リューキ産業総務部の皆様には、お元気でご活躍のこととお慶び申し上げます。

主文

❶このたびは長女美月の誕生をお祝いいただき、丁重にも心のこもったかわいらしいベビー服をお贈りくださいまして、本当にありがとうございました。

おかげさまで美月は、女の子ながら体重も身長も人並み以上、おまけに泣き声も人並み以上の元気者のようで、わが家はてんやわんやの毎日です。私も子どもの元気に負けないくらい体力も回復し、体型もすっかり元に戻って走り回っています。

当分は育児に追われる日々が続きそうですが、折りをみまして、皆様のところに美月と一緒にごあいさつに伺えればと思っております。お会いできますことを楽しみにしております。

末文

まずはお礼のみ申し上げます。

かしこ

まめ知識

■タブー言葉

死・滅びる・流れる・消える・衰える・破れる・落ちる・枯れる

その他お祝いへのお礼

●開店祝いへのお礼

男性→知人

前文

拝復　①このたびの「ギャラリー道」開店に際しましては、ご懇切なご祝詞に加え、心のこもったお祝い品をお送りいただき、いつもながらのご芳志に対し暑くお礼申し上げます。

主文

おかげさまで滑り出しは上々でございまして、少しずつながら常連のお客様もついてまいりました。他事ながらご休心いただきたく存じます。

ここまでくることができましたのも、ひとえに皆々様のご厚情の賜《たま》物《もの》と深謝いたしております。しかし、なんと申しましてもまだまだ経験不足の身、今後ともご来店いただき、率直なご意見、ご感想などをいただければ幸いに存じます。

末文

まずは右、略儀ながら書中をもちましてお礼申し上げます。　敬具

Point

▼お礼状は、タイミングを失せず、できるだけ早く出しましょう。▼やむを得ず遅くなった場合は、遅れた事情を説明してお詫びをしましょう。▼お祝いに品物をいただいたならば、その感想や、どんなふうに使っているかなどを書き添えるとよいでしょう。

きまり文句

①このたびは、お祝いの言葉に添えて結構なお品までいただき、誠に恐縮の至りに存じます。

①このたびは私の就職につきまして、温かい励ましの言葉とともに、すてきな腕時計までお贈りくださいまして、ありがとうございました。

①斎藤様には、事務所開設に際していろいろとお世話いただいたうえ、結構なお祝いの品までいただき、お礼の言葉もございません。

①新居にぴったりのすてきなプレゼント、本当にありがとうございま

子どもの入学祝いへのお礼

女性→親戚

前文

拝啓　野に山に春の色が濃くなり、心浮き立つ季節になりました。

主文

❶先日は長女夏美の小学校入学にあたり、過分なお祝いをいただきまして、ありがとうございました。　頂戴《ちょうだい》したお祝いで、入学式にはいていく新しい靴を求めさせていただきました。夏美が自分で選んだお気に入りで、たいへん喜んでおります。本人に代わりまして、厚くお礼申し上げます。

入学式を明後日に控え、夏美もさすがに少し緊張してきているようです。❷無事に式がすみましたら、晴れ姿の写真など持参し、お礼に伺

末文

いたく存じます。とりあえず書中にてお礼申し上げます。

敬具

引っ越し祝いへのお礼

女性→友人

主文

❶このたびは私どものささやかな新居落成に際しまして、お祝いの言葉に添えて、結構なお品まで頂戴いたし、心よりお礼申し上げます。

新居にふさわしい趣味のいい食器、さっそく食卓にて使わさせていただいております。本当にありがとうございました。

少々遠方ではございますが、お近くへお越しの際はぜひお立ち寄りください。家族一同お待ち申し上げております。

した。

❷近いうちに卒業式の写真を持参し、お礼にあがりたいと思っております。

まめ知識

■関連語句

感謝・誠意・多謝・万謝・深謝・拝謝・謝する・礼物・返礼

病気・負傷見舞いへのお礼

子どもへのお見舞いのお礼

女性→知人

前文

拝啓　❶先日は、息子隆明のためにお忙しい中を遠路はるばるお見舞いいただいたうえ、心のこもったお花までいただき、ご厚情に深く感謝申し上げます。

主文

❷おかげさまで隆明の経過もよく、新学期からは学校に戻ることができそうだとお医者様もおっしゃってくださいました。

一時はどうなることかと気持ちが動転しましたが、❸皆様のあたたかいお励ましのお言葉、お力添えのおかげでここまでくることができました。改めて、心よりお礼申し上げます。

末文

退院いたしましたらごあいさつに伺う所存でございますが、本日は書面にて失礼いたします。

敬具

Point

▼まず、お見舞いしてくれたことに対するお礼の言葉から述べます。▼感謝の気持ちを表すとともに、事故の状況や病気の様子、全快までの見通しなども報告するようにします。▼心配をかけるような表現は慎み、愚痴っぽくならないようにしましょう。

きまり文句

❶先日は、遠いところを初美のお見舞いにわざわざお越しいただき、本当にありがとうございました。

❶入院中は、ご多忙中にもかかわらずたびたびお見舞いくださり、大変感謝しております。

❶ご丁重なお見舞いのお手紙、ありがとうございました。

❶さっそくのお見舞状ありがたく拝読いたしました。そのうえ、心温まるお品までお送りいただき、ありがとうございました。

❷おかげさまで、着実に快方に向か

事故見舞いへのお礼

男性→友人

前文

拝啓　(1)このたびの事故につきましては、早速ご丁寧なお見舞い状をいただき、誠にありがとうございました。
(3)初めての事故でいささかショックを受けていただけに、温かなお心づかい、痛み入りました。

主文

事故は会社帰りのことでした。日頃から車の運転には自信があった私ですが、あの日はうまくいかなかった仕事のことを考えて、ぼーっとしていたのでしょう。あっと思ったときには、駐車中の車が目の前に迫ってきていて、ハンドルを切る間もなく後部に突っ込んでしまいました。

それほどスピードが出ていなかったため、外傷はなく、むち打ち程度ですんだのが幸いでした。それでも検査やら何やらで三日間入院し、今後も一カ月は通院しなければならないとのことです。

これからは、自分の運転技術を過信することなく、慎重にハンドルを握っていかなければと深く反省いたしました。小林様も十分ご留意なさいますように。

何はともあれ、今は自宅に戻ることができてホッとしています。いろいろとご心配をおかけして申し訳ありませんでした。

末文

まずは取り急ぎお礼まで。

敬具

(1)ておりますので、どうかご休心ください。
(2)先生のお話では、あと二週間の辛抱ということです。
(3)皆様にいろいろとお心づかいいただき、大変励まされました。

まめ知識

■関連語句

入院・発病・罹病・病む・
患う・係る・害する・長病み・
長患い・けが・負傷・闘病・
静養・保養・休養・養生・
治療・加療・手術・施術・
病状・経過

災害見舞いへのお礼

火事見舞いへのお礼

男性→知人

前文

主文

末文

拝復　❶先日の近火に際しましては、早速ご丁寧なお見舞いを賜りまして、厚くお礼申し上げます。

出火元は隣家ではありましたが、庭を隔てていたことと、風がほとんどなかったため、幸いにして庭木と庇《ひさし》の一部を焼いただけで、事なきを得ました。❷家族一同けがもありませんでしたので、なにとぞご心配なきようお願いいたします。

それにいたしましても、近所での出火は初めてでしたので大変驚きました。火元の家は全焼とのことで、火災の恐ろしさを痛感した次第です。

本当にいろいろとご心配いただき、ありがとうございました。皆様にもよろしくお伝えください。まずは、右お礼まで申し上げます。

拝答

Point

▼心配をかけたことへの感謝の気持ちとともに、被害の様子、家族の安否などを報告します。▼自分の被害が大したことはないからといって、興味本位に災害の状況を述べるのは慎みましょう。▼災害の場合は、お礼状が遅れても先方はわかってくれます。それほど神経質にならなくても大丈夫でしょう。

きまり文句

❶先日の類焼の災禍につきましては、さっそくお見舞いくださりありがとうございました。

❶このたびの火災に際しましては、早々にお見舞いを賜り、お気づかい痛み入ります。

❶過日は当地の地震に際し、ご丁寧なお見舞い状を賜り、まことに恐縮に存じます。

❶お見舞いのお手紙を拝読し、家中が元気づけられました。

❷当地の被害は相当大きいものでし

水害見舞いへのお礼

女性→伯父・伯母

主文

❶先日は台風十二号による水害に際し、伯父様、伯母様には早々にお見舞いをいただき、ありがとうございました。非常用の食料をはじめ、子どもたちの下着や文房具など、いろいろとお送りいただいて感謝の言葉もございません。

新聞やテレビでも報道されていましたが、当地の被害は相当大きいものでした。あの大雨で近くの川が氾濫し、わが家も床上浸水に見舞われてしまいました。

❷幸い早くから避難しておりましたため、家族一同けがもなく、無事ですので、まずはご安心ください。

あれから一週間がたち、今では水もすっかりひきました。これからは、家族で力をあわせて、建て直しをはかっていくつもりでおります。

この地は台風の通り道になっているとはいえ、これまでさほど大きな被害もなかったため、私たちにも油断があったようです。今回の経験をもとに、今後は備えだけはしっかりしておこうと思っています。

伯父様、伯母様もくれぐれもご用心くださいませ。

末文

細やかなお心づかいが誠にありがたく、心よりお礼申し上げます。

まずはお見舞いのお礼かたがた、ご報告まで。

❶…たが、幸い我が家は窓ガラスが割れた程度ですみました。

❷残念ながら我が家はほぼ全焼してしまいましたが、家族全員命が無事であっただけでも幸せと思っております。

❷今は後片付けもすみ、普段どおりの生活に戻っておりますので、どうぞ心配なきように。

まめ知識

■関連語句

被害・被災・災禍・災難・罹災・全焼・類焼・貰い火・出火・失火・猛火・鎮火・近火・流水・氾濫・浸水・激震・強震・津波・高潮・損壊・倒壊・破壊・避難・復旧・再興

お世話になったお礼

落とし物を届けてくれたお礼

女性➡落とし物を届けてくれた人

前文 主文 末文

突然、お便りを差し上げます。

❶私は、先日田中様に手さげバッグを拾っていただいた上杉まり子と申します。

あの日、私はつい電車の中で居眠りをしてしまい、吉祥寺駅に着いてあわてて降りました。そのときはまったく気づかず、自宅に帰って手帳を出そうとしたときに、初めて手さげバッグを落としたことに気づいたのです。すぐに駅に問い合わせましたところ、届いていますとの返事。❷半分あきらめておりましたので、本当にうれしく、お礼の言葉もございません。ありがとうございました。

どうしても一言お礼を申し上げたく、駅で田中様のご住所を教えてもらいました。同送いたしました物は、わずかばかりですがお礼のしるしです。どうぞご笑納《しょうのう》ください。心より重ねてお礼申し上げます。

かしこ

Point

▼親しい相手でも礼状を出します。▼自分の不注意の場合はお礼と同時にお詫びも書き添えて。▼見ず知らずの人からの親切に対しては、特に要点を具体的にまとめ、間をおかずに出しましょう。▼相手の好意がどのように役立ったかをわかりやすく書くことが大事です。▼感謝の気持ちを素直に表しましょう。

きまり文句

❶あなた様に新宿駅で助けていただいた山口でございます。

❷見ず知らずの私に対してあなた様のご親切は本当にありがたく、感謝の気持ちでいっぱいです。

❸先日は私の不注意から山田様には本当にご迷惑をおかけいたしましたが、おかげさまで、万事、解決いたしました。ありがとうございました。

❸過日は、ひとかたならぬご厚情を

子どもの就職先を紹介してくれたお礼

男性→知人

前文

拝啓　梅の花が春の訪れを告げる頃となりました。山中様には、ますますご活躍のこととお喜び申し上げます。

主文

❸さて、このたびは長男宏行の就職につきまして、ひとかたならぬご尽力を賜りましたが、本日、○△建設から採用通知をいただきました。このような結果を得ましたのも、ひとえに山中様のお力添えのおかげでございます。改めて、心より感謝申し上げます。

　ご承知のように宏行は、高山大学工学部で建築学を学び、設計会社に就職するのが夢でした。しかし、設計会社は競争率が高く、大手の企業には優秀な学生が殺到するとのこと。成績には自信をもっていた宏行ですが、あれだけの難関ですから、やはり不安も大きかったようです。それだけに、採用通知をいただいたときは、感激して、しばらくは口もきくことができないほどでした。

末文

　近々、宏行と二人で改めてご報告とお礼にお伺いしたいと存じます。まずは書中にてごあいさつ申し上げます。

敬白

いただきまして心よりお礼申し上げます。

❸先日はいろいろとお気づかいいただき、ありがとうございました。

❸突然の無理なお願いを快くお引き受けくださいまして、誠にありがたくお礼申し上げます。

❸おかげさまで解決いたしました。心より感謝いたしております。

❸小生の就職に際しましては、ご高配を賜りましたこと深く感謝いたしております。

まめ知識

■意味

ご笑納《しょうのう》：つまらない物ですが、お笑いぐさまでに受け取ってくださいという意味を含めて何かを贈るときのあいさつ語

招待・訪問のお礼

●子どもが誕生パーティーに招待されたお礼

女性→子どもの友人の親

前文　主文　末文

前略　❶先日は、お嬢様のお誕生パーティーに私どもの娘たちをご招待いただき、ありがとうございました。由花だけでなく、妹の美花までご好意に甘えてしまいまして、本当にお礼の申しようもございません。

　娘たちもとても楽しいひとときを過ごさせていただいたようで、しばらくは興奮して、夢中で話しておりました。由花はもちろんですが、たくさんのお姉さん方にやさしくしていただいた美花のうれしさもひとしおだったようです。

　子どものことゆえ、ご迷惑をおかけしたのではないかと案じております。これに懲《こ》りませず、今後ともよろしくお願い申し上げます。

　右、取り急ぎお礼まで。

かしこ

Point

▼できるかぎり早いうちに出すこと。▼印象の強いうちに書くと、文章が生き生きとしてきます。▼お礼の言葉と同時に、先方の心づくしに対する感謝の気持ちを忘れずに書きます。▼ごちそうになった場合は、料理を誉め、それを作った人に対しても称賛の言葉を送ります。

きまり文句

❶先日は秀人が長時間お邪魔いたしまして、何かとお世話さまでした。

❶楽しい一夜を過ごさせていただき、本当にありがとうございました。

❶昨晩は、遅くまでお宅にお邪魔いたしまして、ご迷惑をおかけしました。

❷大勢で押しかけたうえ、遅くまでお邪魔いたしまして、本当にお世話になりました。

❷手厚いおもてなしをいただきまして、心よりお礼申し上げます。

自宅に招待されたお礼

男性→学生時代の先輩

前文

前略

北条先輩、❶先日はお招きありがとうございました。夜遅くまでお邪魔してしまって、ご迷惑だったのではないでしょうか。

主文

❷先輩と奥様のやさしさあふれた歓待に、一同感謝の気持ちでいっぱいです。特に、思いもかけず大人数になってしまったにもかかわらず、温かく迎えてくださいました奥様の笑顔には感激しました。愛情のこもった手料理も、どれもおいしく、独り者の私たちには大変うれしく味わい深いものでした。

結婚されてからの先輩は、退社時間になるとさっと荷物をまとめ、まっすぐに帰宅されるようになったと聞きましたが、さもありなんと納得がいった次第です。

アウトドア派のお二人にと、先日お邪魔した仲間でバーベキューセットを購入しました。今度はすぐ下を流れていた多摩川の河原で、バーベキューパーティーというのもいいですね。近日中にデパートから送られてくるはずですから、楽しみにしていてください。

末文

まずはお礼まで。

草々

❷皆様よりお心入れのご歓待にあずかり、そのうえ結構なお土産まで頂戴して誠に恐縮の極みと存じます。

まめ知識

■関連語句

おもてなし・歓待・ふるまい・賜餐・ごちそう・ご芳志

贈り物のお礼

贈り物のお礼

男性→故郷の友人

前文
主文
末文

拝復　お元気の様子で安心いたしました。

さて、本日は、❶懐かしいお品をお贈りいただきありがとうございました。

故郷の味というのは、いくつになっても、ふとしたときに思い出すものですね。頂戴《ちょうだい》いたしました佃煮は、食事のたびに故郷を懐かしく思い出しながら、ありがたくいただいております。和子も雄介も、おいしいおいしいとご飯をおかわりするほどで、家族三人すっかり大食漢になってしまいました。

いずれお目にかかりました折、改めてごあいさつしたいと思います。また、こちらへお出向きの節はぜひご連絡ください。

とりあえずお礼まで。

敬具

Point
▼丁寧な言葉づかいを心がけましょう。▼贈り物に込められた贈り手のセンスや気持ちをくみ取り、感謝の言葉と自分の感想を具体的につづることが大切です。▼相手の誠意に応えるように、喜びを素直に表現します。▼お礼の言葉に添えて、自分の近況も簡潔につけ加えるとなおよいでしょう。

きまり文句

❶お心尽くしのお品、ありがたく拝受いたしました。
❶早速のご厚意、頂戴いたしました。
❶珍しいお品をお送りいただきまして、厚くお礼申し上げます。
❶以前からほしいと思っていた品で、大変うれしく頂戴いたしました。
❶誠に結構なお品を頂戴いたしました。格別のご厚意にお礼申し上げます。
❶いつもお世話になっている私どものほうが、結構なお品を頂戴いた

地方の名産品を送ってくれたお礼

女性→叔父

前文

拝啓

実りの秋になりました。お盆に帰省した際、叔父様には大変お世話になりました。皆様お変わりなくお過ごしのご様子で、安心いたしました。

主文

❶本日はたくさんのりんごを送っていただき、ありがとうございました。みな大喜びしております。箱を開けた途端、りんごの甘酸っぱい香りが家中に漂い、秋が来たことを実感しております。夕食後に家族でデザートにいただきました。甘くて、みずみずしくて、やはり本場のはスーパーで買うのとは違いますね。

少しぜいたくですが、明日はりんごジャムを作ってみようかと思っています。

本当にありがとうございます。私どもだけでいただくには、あまりにももったいないので、品川のいとこ夫婦にもおすそ分けしようと思っております。明子もきっと大喜びすることでしょう。

末文

これから寒さに向かう折、くれぐれもお体を大切になさいますように。

叔母様、それから和樹さんご夫妻にも、よろしくお伝えください。

取り急ぎ、お礼申し上げます。

かしこ

❶このたびは、ご丁寧なお手紙とともに、すてきなお土産までお贈りいただき、ありがとうございました。

しまして誠に恐縮しております。

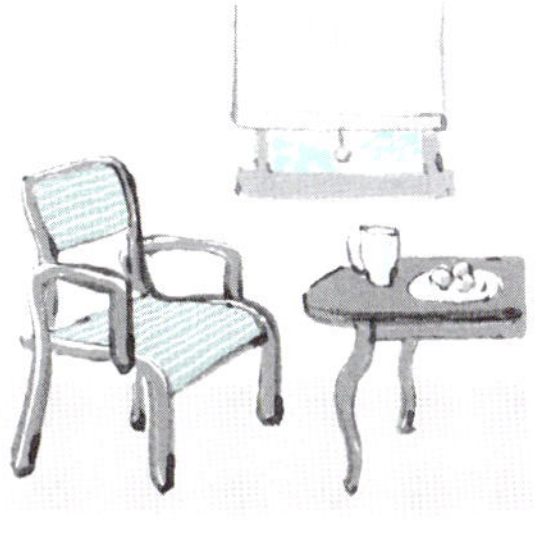

まめ知識

■関連語句

ご恵贈の品・ご丹精の品・お心尽くしの品・御地産品・進物・逸品・拝受・受領・拝領

中元・歳暮のお礼

●中元のお礼

女性→友人

前文

拝啓
毎日うだるような暑さが続いておりますが、皆様にはお変わりなくお過ごしのこととお喜び申し上げます。

主文

①このたびは、京鉄デパートより結構なお中元のお品を頂戴《ちょうだい》しまして、誠にありがとうございました。

②日頃お世話になっているのは私どものほうですのに、このようなお気づかいをいただき、恐縮しております。③ご恵贈の品、早速家族全員ではしたなくも舌鼓《したつづみ》を打ちました。

別送の品は、誠にありふれたものではございますが、お中元のしるしまでにお届けいたしました。お納めくださいませ。

末文

盛夏はこれからですので、くれぐれもご自愛くださいますよう、お祈り申し上げます。ご家族の皆様にもどうぞよろしくお伝えください。
まずは、取り急ぎお礼まで。

敬具

Point

▼品物を受け取ったらできるだけ早く礼状を出すようにします。▼時候のあいさつ、安否のあいさつを述べ、形式を踏まえながら、丁重にお礼の言葉を書き記します。▼品物に関する感想を一言添えるのも大切です。▼日頃お世話になっていることへのお礼や近況報告も折り込みましょう。

きまり文句

①本日は結構なお中元のごあいさつを頂戴し、厚くお礼申し上げます。

①このたびご丁重なるお中元のごあいさつ並びに心づくしのお品、ありがたく拝受いたしました。

①はからずも誠に結構なお品をご恵贈いただき、お心づかい、痛み入ります。

①本日、ご丁寧な年末のごあいさつと大変結構なお品をありがたく拝受いたしました。

②いつもお世話になっている私ども

歳暮のお礼

男性→元教え子

前文

拝啓
今年も残り少なくなり、何かと気ぜわしい日が続いておりますが、田中君にはますますご清祥のことと存じます。

主文

さて、このたびは、❶誠に結構なお歳暮を頂戴し、厚くお礼申し上げます。思いがけない遠来の珍味のおすそ分けに預かり、早速風味を満喫させていただきました。田中君の転勤前に、よく杯を酌み交わしたことを懐かしく思い出しました。

一月には上京するとのこと、そのときに再会できることを楽しみにしています。

末文

とりあえず、お礼かたがた歳末のごあいさつまで。

東北の寒さは一段と厳しいと思います。末筆ながら、くれぐれもご自愛くださいますようお祈り申し上げます。

敬具

❸のほうが、早々と結構なお中元をいただきまして誠に恐縮でございます。

❸家族一同大好物で、あっという間にいただいてしまいました。

❸家族皆の好物でございまして、ご厚志のほどありがたく頂戴いたします。

まめ知識

■関連語句

中元・歳暮・恵贈・好意・好物・結構な品・拝受・頂戴

借金・借用のお礼

●借金のお礼

男性→知人

前文

謹呈《きんてい》　先日は、❶突然の無理なお願いに快くご融通くださいまして、本当にありがとうございました。

主文

❷貴兄のご助力のおかげで、このたびの急場をなんとか切り抜けることができ、心から感謝いたしております。

拝借いたしました金子《きんす》は、❸今月末までには必ず返済することをお誓い申し上げます。

末文

とりあえず、書面にてお礼申し上げます。

謹白《きんぱく》

●車を借りたお礼

男性→学生時代の先輩

前文

拝啓　五月晴れのさわやかな日が続いております。先輩におかれましては、ますますお忙しい日をお過ごしのことと存じます。

Point

▼お金に関するお礼については、何よりも相手に誠意を示すことが大切です。▼相手の好意に対する謝意は礼儀正しく示します。▼相手が親しい人であっても、改まった丁重な言葉づかいを心がけましょう。▼返却の日時にも触れて、相手に安心感を与えることが大切です。▼形式にのっとった形で書くようにします。

きまり文句

❶厚かましいお願いにもかかわらず、ご融通くださいまして、誠にありがとうございました。

❶無理なお願いに対して、快くご融通くださいまして本当に助かりました。

❷ようやく乗り切ることができました。お礼の言葉もございません。

❷快くお貸しくださったおかげで、当方の面目が立ち、深く感謝いたしております。

主文

先日は、❶唐突なお願いにもかかわらず、大切なお車を快くお貸しいただき、本当にありがとうございました。昨日お返しにあがったとき、あいにく先輩は配達でお出かけとのお話でしたので、奥様に簡単にお礼を申し上げただけで失礼いたしました。

お借りした車で、会社の同僚と四人で上高地へ行ってきました。二泊三日の旅でしたが、先輩のお車のおかげで、自由に動き回ることができました。松本から上高地に向かう間は上り坂が続くのですが、さすがに4WDのパワーはすごいですね。とても運転しやすく、友人たちも口々に「普通車とは馬力が違う」とうらやましがっていました。

お天気にも恵まれ、キャンプ場では久しぶりに飯合でご飯を炊き、夜は満天の星にときを忘れ……と、本当にいい思い出ができました。

帰りは、向こうを早めに出発したので渋滞にあうこともなく、何より事故もなく、お車を傷つけることなく無事に帰ってこられました。

先輩もご家業を継がれてからお忙しく、休日も会社員の私とはなかなか合いませんが、毎週定休日にあのお車で釣りにキャンプにと出かけられているのですね。

末文

近いうち土産話を持って、先輩をお訪ねしようと思っています。簡単ですが、とりあえずお礼のみにて失礼いたします。

敬具

❷どうにか解決いたしました。おかげさまで本当に助かりました。

❸六月末日までには約束の方法で必ずご返済いたします。

まめ知識

■関連語句

融通・恩借・借り受けた・拝借・急場・難局・危局・危急・ご完済

■意味

金子：お金、貨幣

アドバイス・励ましへのお礼

恩師からのアドバイスへのお礼

女性→恩師

主文

田代先生、先日はご多忙の折、研究室にお邪魔して申し訳ございませんでした。また、❶一身上の相談に対し、貴重なご忠告と温かいお励ましの言葉をいただき、本当にありがとうございました。

先生がおっしゃったように、私は会社に甘えていたような気がいたします。ご指示に従いまして、現在の職務に全力を尽くし、独立はしばらくしてからと考え直しました。先生にお会いして、自分の未熟さに思い至り、深く反省いたしました。実力も顧みず、夢ばかり追いかけようとしていたのだと思います。

思い切って先生にご相談して、本当によかったと思います。もしご相談していなかったならと思いますと、感謝の言葉もございません。これからは、もっと自分を厳しく見つめ、いっそう向上するよう努めてまいります。先生どうもありがとうございました。

Point ▼アドバイスに従おうとする場合も従えない場合も、お礼状を出します。▼アドバイスに対する感謝の気持ちを表し、アドバイス後状況がどう変わったか、またその決意を表しましょう。▼励ましのお礼は、いかに勇気づけられたか、うれしかったかを素直に表現し、前向きに対処していく気持ちを記しましょう。

きまり文句

❶いろいろお話を聞いてくださりありがとうございました。ようやく決心がつきました。

❶先日は落ち込んでいたところを勇気づけていただき、どうもありがとうございました。

❶温かい励ましのお手紙をいただきまして厚くお礼申し上げます。

❶先日の辛くも温かいご助言、胸にしみました。

❷落ち込んでいた気分が一変にさわ

知人からの励ましへのお礼

男性→知人

前文

拝啓　青葉の茂るさわやかな季節となりました。

主文

先日、山川様のお話を伺いまして、❷落ち込んでいた気分がふっ切れ、晴れ晴れといたしました。厚くお礼申し上げます。

もともとあがり症で口下手のため、初対面の人と話をすることに苦手意識をもっていました。

こんな私ですから、営業部へ配属になったときは、お客様相手にきちんと仕事ができるのか不安でいっぱいでした。案の定、最初はぎくしゃくしてしまい、だんだんと自信がなくなって、あやうく出社拒否症になりかけるところでした。

でも、山川様にお会いして、営業に前向きに取り組む意欲が涌いてまいりました。私は、自分で勝手に営業に向いていないと思い込んでいたようです。「習うより慣れろ」との山川様のお言葉によって、私にもできそうな気がしてまいりました。これからは、焦ることなく、着実に、最善を尽くすつもりです。

末文

まずは書中にてお礼申し上げます。

敬具

やかになりました。

❷心の中にもやもやとかかっていた霧がぱっと晴れたようです。

まめ知識

■ **関連語句**

アドバイス・(叱咤)激励・励まし・ご助言・応援・ご鞭撻・力づけられる・奮い立つ

6 お見舞い・励ましの手紙

見舞いの手紙は、病気や事故、災害にあった人を見舞い、慰めると同時に励ますのが目的です。

いっぽう励ましの手紙は、失敗や挫折をして失意のどん底にある人、逆境にあって苦悩している人を励まし、勇気づけるのがその目的です。

本来なら、見舞いや励ましは、自分で足を運んで、先方の様子を見舞うべきものですが、さまざまな事情でそれができないときに、そのかわりとして手紙を出します。ですから、出向かないことを当然のようにして書き進めることは避けなければいけません。

文面は、相手の心情を思いやり、相手の立場に立ってやさしく語りかけるようなつもりで、温かく誠意のあるものにします。

手紙やはがきは何度もくり返して読むことができるので、特に言葉づかいや言い回しには気をつけましょう。

見舞いの手紙は、病気や事故、災害を知ったら、タイミングを逃さずにすぐに出すようにします。入院中の相手へのお見舞いは、病気やけがに対する不安感を取り除くと同時に、孤独感を癒すような工夫をしましょう。

また見舞いの場合、不吉なことやくり返しを連想させるようなタブー言葉には特に気をつけ、言葉を慎重に選びましょう。

励ましの手紙では、自分の体験を踏まえて自分はこうして気持ちを切り替えたというようなアドバイスを添え、明るい表現になるよう心がけます。

① **前文**

② **状況伺い**
心配の気持ちと経過について尋ねます。

③ **励まし**
激励の言葉を述べます。

④ **対応**
見舞いに行ける場合は、日時を記します。

⑤ **末文**

前略　ごめんください。

本日、佐々木さんからあなたの入院の話を聞いて、本当に驚きました。交通事故に巻きこまれたそうですが、大変なことになったと心配しています。その後いかがでしょうか。手術にも時間がかかったそうですが、一カ月ほどで退院できるとのこと。交通事故と聞いて、最初、本当に身も縮む思いでしたが、術後の経過も順調と聞いて胸をなでおろしています。

しばらくは不自由な入院生活を余儀なくされることと思いますが、けがが完全に治るまでリハビリに専念なさってください。

スポーツマンで精神力も強いあなたのことだから、きっと予定より早く退院できるのではと思います。

すぐにでもお見舞いに伺うべきところですが、残念ながら今週末まで出張で留守にしております。来週の日曜日頃、お見舞いに伺わせていただきます。

まずはとりあえず書面にてお見舞いまで。

草々

病気見舞い

入院中の病状を見舞う

男性→妻の父

前文

急啓《きゅうけい》

①このたびのご入院、突然のことで驚きました。承《うけたまわ》りますれば、幸い②手術の必要もなく、このまま養生されれば退院も早いとのこと、まずはひと安心しております。

主文

ご存じのとおり、私の実父も一昨年胃潰瘍《いかいよう》で入院いたしました。そのときは胃を一部切除したものの、一カ月ほどで退院し、すぐに元気になりました。ストレスの多い社会です。現代人には多い病気ですし、治療法も進んでいます。日頃健康そのもののお父様のことですから、ご回復も早いことと存じます。

③今月末には、家族みんなで、お見舞いかたがた長野のお宅へ伺うつもりでおります。

④どうぞくれぐれもお大事になさいますよう、お願い申し上げます。また、お母様におかれましても、お体に十分お気をつけくださいますように。

Point

▼相手の病状に合わせて、見舞いの言葉を慎重に選びましょう。▼前文は、省略するか簡潔にまとめ、見舞いの気持ちを素直に表します。▼相手が回復していない場合は、家族に宛てて見舞いの言葉を述べ、看護に対するねぎらいの言葉を添えます。▼病人の気持ちを考慮して、希望を持てるような明るい表現を心がけましょう。

きまり文句

①あなたが病臥《びょうが》されていると承り、大変驚いています。

①お嬢様の若葉さんが、急性虫垂炎で入院されたとのこと、昨夜高田様から伺いました。

②手術は無事に済み、快方に向かっておられるとのことですが、その後いかがでしょうか。

③すぐに見舞いに参上すべきところ、遠方にて、今はひたすらお見舞いの微志《びし》を書中に託すほかございま

末文

略儀ながら、まずは書中をもちましてお見舞い申し上げます。

敬具

入院中の病状を見舞う

女性→同僚

前文

前略　❶突然の肺炎での入院の知らせにびっくりしました。

数日前から風邪をこじらせているという話は聞いていましたが、このところの忙しさでかなり無理をしていたのですね。❺その後、お加減はいかがですか。ご家族のお話では、かなり快方に向かっておられるとか。❻どうぞゆっくり養生してください。

主文

仕事のほうは心配しなくても大丈夫。四月に入ってやっと一段落し、本木課長も佐々木主任も心配しないようにとおっしゃっていました。しばらく仕事のことは考えず、ゆっくり静養してください。風邪は万病の元、といいますから。

❸週末には、課のみんなでお見舞いに行けると思います。何か必要なものがあったら、遠慮なく言ってくださいね。

末文

取り急ぎ書中にてお見舞いまで。

草々

せん。

❹一日も早いご快癒を、経理課一同心よりお祈り申し上げます。

❹一日も早いご平癒を、心よりお祈りいたしております。

❺その後、ご病状はいかがでしょうか。

❻しばらくは不自由な生活を余儀なくされることでしょうが、根気よくご療養なさってください。

❻病院での生活は退屈でしょうが、仕事のことはしばらく忘れて治療に専念なさってください。

まめ知識

■**タブー言葉**

死ぬ・倒れる・衰える・まいる・枯れる・くり返す・重ねる・再び・追って

■**意味**

病臥《びょうが》：病気で床につくこと

微志《びし》：わずかの志。また自分の志をへりくだっていう語

負傷見舞い

交通事故を見舞う

男性→目上の知人

前文

急啓《きゅうけい》　①このたびは不慮の事故に遭《あ》われてご入院とのこと、驚き入っております。

主文

奥様から伺いましたところ、歩道を歩いていたにもかかわらず、わき見運転の車がガードレールを乗り越えて向かって来たとのこと。こちらにはまったく落ち度がなく、突然の出来事でさぞ驚かれ、恐ろしい思いをされたこととお察し申し上げます。

②術後の経過も良好とのことで、ひとまず安堵《あんど》いたしました。どうぞ十分に治療養生に専心なさって、③一日も早くご本復されますようお祈り申し上げます。

末文

来週末にでもお見舞いに参上いたす所存ですが、まずは書面にてお見舞い申し上げます。

敬具

Point

▼けがの症状に合わせて文面を工夫しましょう。▼素直にお見舞いの言葉を述べ、一日も早い回復を祈る言葉で締めくくります。▼同情の気持ちは大切ですが、大げさにならないよう気をつけましょう。▼見舞いに行ける場合は、その予定を知らせておくようにします。

きまり文句

①出勤途中に交通事故に遭われたとのこと、思いがけない知らせにびっくりしております。

①事故に遭われ、全治三カ月のけがと、お母様からのお電話で知りました。

①お仕事中に事故に遭われたとか。左腕の複雑骨折と伺い、大変心配しております。

②術後の経過はいかがでしょうか。

②手術は無事に済んだとのことで、少しは安心いたしました。

③一日も早いご退院を、心から祈念

交通事故を見舞う

女性→甥

主文

良介さん、②その後の経過はいかがですか。

あなたのお母様から事故の電話をいただいたときは、本当にびっくりしました。

お母様のお話では、一旦停止のところで止まらず、飛び出してきた乗用車に巻き込まれてしまったとか。きちんとヘルメットをかぶっていたため、頭部に損傷はなかったそうですが、あごの骨を折って手術をされたとのこと、本当につらい状態でいることと思います。④お医者様の言いつけを守って、根気よく治療してください。

あのあたりは交通量も多いですし、あなたがバイク通勤をしていると聞いて、前々から心配をしていた矢先の事故。自分がいくら気をつけていたとしても、相手が必ず交通ルールを守るとは限りません。本当に腹立たしい限りです。

二輪車が危険と隣り合わせの乗り物だということは、良介さんも十分すぎるほど知っていたでしょうが、これからは今まで以上に気をつけて運転してください。

ともかく、安静にし、③一日も早く元気なあなたに会えることをお祈りしています。


いたしております。

④不自由なベッドでの生活でしょうが、神様が与えてくれた休暇だと割り切って、治療に専念なさってください。

④どうか焦らず、治療に専念なさってください

まめ知識

■関連語句
事故・不慮の事故・けが・負傷・全治○カ月・手術・入院・リハビリ

火事見舞い

●類焼を見舞う

女性↓知人

前文

急啓《きゅうけい》　❶今朝の新聞で畑山様のお宅が類焼の災難に遭われたと知り、ただいま取り急ぎお電話した次第です。

主文

出火元は、隣家の風呂場とのことですが、残念なことにお宅の一階部分を半焼された由、❷ご心痛のほどお察し申し上げます。ただ不幸中の幸い、ご家族の皆様はおけがもなくご無事と伺い、私どもも胸をなでおろしております。

❸おつらいこととは存じますが、どうぞ一日もお早いご復興をお祈り申し上げます。

末文

❹すぐにおうかがいし、お見舞い申すべきところですが、遠方のため書中にて代わらせていただきます。

敬具

Point

▼火事を知ったら、時期を逃さずすぐに見舞い状を出します。▼被害状況や家族の安否について尋ねると同時に、相手を勇気づけるような、明るい文面を心がけましょう。▼同情の気持ちより、今後の励みとなるように表現を工夫しましょう。▼援助や協力を申し述べて、相手を励ましましょう。

きまり文句

❶今朝のニュースで、お宅様が火事に見舞われたと知り、とても驚いています。

❶前夜の火事でお宅を半焼されたと知り、今朝、お電話してみましたが不通でした。ご家族の皆様の安否が気にかかっております。

❷ご家族の皆様はご無事とのことですが、佐藤様の心中いかばかりかとお察しいたします。

❸ご心痛お察し申し上げますが、どうぞお力落としのないよう、再建

出火元を見舞う

男性→友人

主文

❶昨晩遅くに吉永君の電話で、お宅が全焼なさったと伺い驚いております。突然の火事で、さぞや大変だったろうとお察しいたします。取る物も取りあえず避難されたとのこと、心からお見舞い申し上げます。
大樹君が過《あやま》って石油ストーブを倒してしまい、またたく間に燃え広がってしまったとのこと。子どもの不注意とはいえ、本当に何と申し上げてよいやら言葉も見つかりません。ただ、ご家族の皆さんは全員ご無事と伺い、胸をなでおろしています。
現在は、近くのご親戚に仮住まいをされていると聞きました。❺小生で何かお役に立てることがありましたら、ご遠慮なく申しつけてください。人手が必要でしたら、すぐにでも駆けつけます。
❸さぞやご落胆のことと存じますが、どうか一日も早く、再建に向けてお気持ちを取り直されますようお祈り申し上げます。
なお、❻差し出がましいと思いましたが、妻の実家が用品店をやっておりますので、シャツやズボン、靴下などを送らせていただきました。よろしければご自由にお使いください。

末文

どうぞご無理をなさって体調を崩されませんようご自愛ください。
週末にはまいりますが、まずは急ぎ書中にてお見舞い申し上げます。

に向かっていただきたくお祈りいたします。

❹すぐにでも駆けつけるべきところ、あいにく主人が出張中のため、まずは書面にてお見舞い申し上げます。

❺私でお手伝いできることがありましたら、何なりとお申しつけください。

❻わずかばかりですが、衣類やタオル類を別便にてお送りいたしましたので、どうぞご自由にお使いください。

❻些少ながらお見舞い金をお送りいたしますので、お納めいただければ幸いです。

まめ知識

■意味
類焼《るいしょう》：よそで起きた火事が燃え移って、その所も焼けること

災害見舞い

水害を見舞う

女性→友人

主文

❶今朝のニュースで、貴地方が集中豪雨に見舞われひどい水害に遭《あ》われたことを知り、心から案じております。詳しい情報が入らず、大きな被害をもたらしたとだけ報じられました。

電話も不通という報道でした。もしやと思って電話を入れてみましたが、やはり通じてくれません。鉄道や道路もあちらこちらで寸断されていると聞きますので、この手紙が無事にお手許に届くかどうか心配です。

役場に問い合わせたところ、大宮小学校に避難され、しばらくは避難所暮らしを余儀なくされると知りました。❷どうかお気を強く持たれて、お体にもくれぐれも気をつけてください。❸なにか必要なものでもと思い、タオルや毛布、シャツなどを送らせていただきました。よろしければお使いください。

御地は、私が高校まで過ごした地。とても人ごととは思えません。

Point

▼被害を知ったら、すぐに見舞い状を送りましょう。▼相手の心情を思いやり、温かく誠意のある文面にしましょう。▼素直に見舞いの言葉を述べ、相手が再起の自信を持てるような表現を工夫します。▼タブー言葉、重ね言葉を使わないよう注意します。

きまり文句

❶新聞報道によりますと、昨夜からの集中豪雨で貴地方に土砂崩れが発生したとのこと。お宅様の安否が気づかわれます。

❶このたびは、思いもかけぬ災難に遭われた由、お見舞いの言葉もございません。

❷どうぞお気をしっかり持たれ、今後の再建に向けて力強い一歩を踏み出されますように。

❸わずかばかりですが、食糧品、衣類を別送いたしましたので、お納めください。

末文

できる限りのお力添えをいたしたく、近日中にお手伝いに伺います。
まずはお手紙にて。

台風災害を見舞う

男性→目上の知人

前文

急啓《きゅうけい》 ❶このたび御地を台風二号が上陸し、お宅様が被害を受けられましたこと、心からお見舞い申し上げます。

主文

電話がなかなか通じず、やきもきいたしましたが、お元気なお声で皆様ご無事と伺いましたときは正直胸をなでおろしました。

ただ、ご家屋は一部破損され、電気や水道も元に復するにはしばらく時間がかかるとのこと、さぞかしご不自由なことと存じます。小さなお子さんもおいでのゆえ、たいへんなご苦労と拝察いたします。

❹失礼ながらご入用の品などございましたら、ご遠慮なくお申し越しください。私どもでできますことでしたら、微力ながらお力添えさせていただきたく存じます。❷どうぞお力落としのないよう再建に向かっていただきたく、お祈り申し上げます。

末文

取り急ぎ書中にてお見舞い申し上げます。

敬具

❹今週末には参上いたしますが、ご入用のものがございましたら、何なりとお申しつけください。

まめ知識

関連語句

水難・水害・流水・氾濫・津波・高潮・風害・震災・激震・強震・大害・禍害・被災・御難・天災・避難・復旧・復興・再起・再興

アドバイス

●単身赴任についてアドバイスする

男性→職場の後輩

前文

朝夕めっきり冷え込む季節になりました。その後変わりないですか。

主文

君が熊本へ赴任してから早いもので、もうすぐ一年です。仕事のほうは順調とのことですが、やはり単身というのはつらいことも多いでしょう。先日、熊本支社の部長が上京されたときに話は聞きました。

家族と離れていると、どうしても気持ちが通じなくなる。まして思春期の子どもを持つ身、難しいことも多いと思います。❶私も君と同じ頃、青森で三年間単身赴任の経験があるからよくわかります。そのとき私は、家族との短い時間を大切にしようと発想を転換して乗り切りました。お互いのことを何でも話し、子どもともできるだけ一緒に過ごすようにしたら、なんだか東京にいるときよりも家族の絆は強まったような気がしたものです。

❷君のお子さんたちもきっとわかってくれると信じて、後もう少し、

末文

なんとか頑張ってください。では体だけは大切に。

Point

▼アドバイスの手紙では、相手の悩みの具体的な手助けとなるような意見を述べます。▼具体的なアドバイスに加え、心強い味方がいるということも強調したいところです。▼相手の気持ちを逆なでしないよう、表現には注意が必要です。

きまり文句

❶かつて私にも似たようなことがありました。少し冷静になって話し合いをされてはどうでしょうか。

❶私も同じように悩みましたが、時が解決してくれることもあります。しばらく気分転換をされてはいかがでしょうか。

❷いつかわかってくれる日が来ます。そのときまでしばらくの辛抱だと思って耐えてください。

❷思いきって決断してはいかがでしょうか。

❷結果を急がず、少し時間をかけてじっくり考えてみてはいかがでし

生活態度に対してアドバイスする

女性→弟の妻

前文

恵さん、今日はどうしてもあなたに一言申し上げたくて筆をとりました。

主文

結婚後も仕事を続け、二人の男の子にも恵まれ、社会人としても母としても本当によく頑張っていると感心していました。ところが、弟が単身赴任した三カ月ほど前から毎日のように帰りが遅く、子どもたちの面倒も母に任せきりとのこと、ご近所の方から聞きました。

会社に勤めている限り残業やお付き合いもあるでしょうが、それにしても連日、深夜にお酒を飲んで帰宅するとは感心できません。和夫が単身赴任してから、すべてが恵さんの肩にかかってしまい、重圧と寂しさでそういう行動をとっているのでしょうか。でも、お願いですから、二人の小さな男の子の母親でもあることをもう少し考えて行動してください。

母も高血圧の持病をかかえており、あまり無理はさせられません。それに、和夫がいない分、子どもたちは親の愛情に飢《う》えていると思うのです。

遠方に住んでいるため、お手伝いにも行けずに申し訳なく思いますが、以上のことをもう一度じっくり考えて、③責任ある行動をとってくださるようお願いいたします。

ょうか。

③あなたの賢明な選択を祈っています。

まめ知識

■関連語句

激励・励まし・力強く・腹を決めて・割り切って・大人になって・決断・判断・英断・決着

励ましの手紙

●離婚した友人を励ます

女性→友人

前文

前略　ごめんください。

主文

お手紙、拝見いたしました。さぞかし、つらい思いをされたことでしょう。
お仕事を続けながら、家庭のことや田中さんのことを一生懸命されてきたあなたのことですから、よくよくお考えのうえのご決断とお察し申し上げます。
でも映子さん、❶あなたはまだまだ若いのだし、この決断によって、きっともっと素晴らしい人生が開けるのだと信じてやみません。幸い今のお仕事も順調ですし、お子さんもいらっしゃらないから、何も気にかけることはなく、新たなスタートができます。自分の人生を、自分のために大切にしなくてはね。

末文

❷新しい旅立ちに幸多かれとお祈りします。またお会いしましょう。

かしこ

Point

▼落胆したり、失意にある人を激励したりする手紙では、自分の体験を踏まえ、希望を持たせるような表現に留意します。▼落ちこんでいるときは、気分転換をすすめる手紙も効果的です。▼一緒に悲しみ、悩んであげる姿勢が大切です。▼具体的な援助を心がけ、相手の気持ちを和らげる工夫をしましょう。

きまり文句

❶気をしっかり持ち強く生きていかれるよう、陰ながら応援しております。

❶いろいろとつらい思いをされていることでしょう。けれど、いつかきっと笑って思い出せるようになる日が来ると信じております。

❶しばらくは苦悩の日々が続くかも知れませんが、やがてはこの辛苦を乗り越え、寧日《ねいじつ》を取り戻されることを願ってやみません。

❷明るい未来にむけて、まっすぐに

受験に失敗したいとこを励ます

男性→いとこ

主文

昨夜、おじさんからお話を聞きました。

幸雄君、残念でしたね。本当に悔しかったろうなと思います。受験校を一本に絞り、寸暇を惜しまず勉強を続けてきた様子は驚嘆に値し、ひそかにエールを送っておりました。

でも試験というものは受けてみなければわかりません。幸雄君のその日のコンディションもあったでしょうし、けっして努力が足りなかったのではないということは誰もが知るところです。

人生はまだまだ長い。ここで一年浪人したとしても、長い人生からみれば、わずか一年です。無念の涙を気力に変えて、ぜひもう一度トライしてください。ただ、ご両親に心配をかけないためにも、また、第一志望の予行演習の意味でも、今度は何校か受けてみるのもよいのでは?たとえ、行く気持ちがなくてもです。

長くなりましたが、❷来年こそは幸雄君が夢を果たされるよう、心から祈っています。

❷前向きに考えていけば、きっと新しい道が開けることと信じています。歩いていってください。

まめ知識

■**関連語句**

強く・明るく・前向きに・気にせず・過ぎたことは忘れて・気分を新たにして・未来・前進・力になります

■**意味**

寧日《ねいじつ》：無事で平和な日、家庭でくつろぐ日

7 依頼・紹介・相談・問い合わせの手紙

依頼の手紙は、自分がお願いをして相手から何らかの結論を引き出すのが目的です。相手が理解してくれなくては仕方がないので、こちらの依頼内容をわかりやすく簡潔にまとめます。

具体的な成果を引き出すためには、文末でもう一度、お願いしたいということを、くり返し強調するとこちらの真剣さが伝わりやすくなります。

それでも返信がなかなか得られない場合は、こちらから確認の手紙を再度書くようにします。あくまでも依頼ごとの決着をつけるのが双方にとって最良であるとの気持ちを出すことです。

相談の手紙は、相談したい内容が具体的に相手に伝わることが大切です。わかりやすく簡潔にまとめ、お願いする立場で誠意を込めて書きましょう。

紹介の手紙は、自分の知人を面識のない人に引き合わせる目的で書くものです。責任を持って、慎重に書くことが大切です。

紹介したい人に関する情報や、自分と紹介したい人の関係を明確に詳しく書きましょう。

推薦の手紙は、紹介の手紙以上に責任が重くなるので慎重に書きましょう。特に仕事に関する人物紹介では、こちらが推薦する人の要望を明記し、なぜその人が推薦に値するのか、その理由についてもはっきりと書いておくようにします。

また、これらの手紙では相手の諾否にかかわらず、結論が出たら必ず礼状を出すようにします。

①前文

②依頼
簡潔に述べます。

③紹介
人物を具体的に紹介します。

④意思
本人の意思を強調し、印象づけます。

⑤末文
再度依頼の言葉を述べて結びます。

新緑が光に映える美しい季節となりました。貴兄におかれましては、ますますご健勝にお過ごしのことと心からお慶び申し上げます。

さて、本日は、私の姪、田代智子の就職についてお願い申し上げたく、卑書をしたためました。

智子は来春北武大学社会学部を卒業の見込みで、以前より貴兄の勤務先である東西出版社への就職を希望しておりました。

大学時代からマスコミ研究会に所属し、定期新聞を発行してきました。好奇心が強く、行動的で、何事も粘り強く成し遂げる責任感の強い人物です。

本人の話によれば、東西出版社への就職を考え出したのは、大学一年のとき、貴社の定期刊行物「人物と日本」を目にしてからとのことです。それ以来、自分もドキュメンタリーに興味を持ち出したからだと申しておりました。

ご多忙中、誠に恐縮ではございますが、どうかご引見の上、よろしくお取り計らいくださいますようお願い申し上げます。

就職・転職の依頼

自分の就職を依頼する

女性→実習先の恩師

前文

拝啓　ようやく秋らしくなってまいりました。沢田先生には、ますますご健勝のこととお慶び申し上げます。

主文

さて、私、来春の短大卒業を前にして、現在は就職活動の真っ最中です。子どもに接することの難しさは実習でつくづく実感いたしましたが、それだけになおのことやりがいのある仕事と、保育士への情熱がいっそう強くなりました。

そこで、❶突然のお願いで大変恐縮に存じますが、職員を探している幼稚園でお心当たりがございましたらお口添えいただけないかと思い、厚かましくもお手紙を書かせていただきました。免許は保育士と幼稚園教諭二級を取得しております。

末文

改めてお伺いし、お願い申し上げる所存ではございますが、とりあえず、書中にてお願い申し上げます。

かしこ

Point

▼意欲や得意分野を具体的に示して、説得力のある文面を目指します。▼なぜその人に依頼したいのかその理由を書き添えます。▼自分の希望を明記し、仕事に対する意気込みが感じられる文面にしましょう。▼一方的な依頼にならないよう、謙虚な気持ちで書きます。▼改まった態度で臨み、言葉づかいにも気をつけます。

きまり文句

❶大変ご面倒なお願いとは存じますが、お心当たりがございましたらお口添えいただけないでしょうか。

❶何とぞ再就職のお世話をいただけないでしょうか。

❷本日は折りいってのお願いがあり、筆をとりました。

❷ご多忙のところお手をわずらわせるのは誠に心苦しい限りですが、本日は鈴木様にぜひお力になっていただきたく、お手紙を差し上げ

再就職先の紹介を依頼する

男性→知人

前文

拝啓　早春の候、木村様にはますますご清祥のこととお慶び申し上げます。

主文

さて、②本日は木村様にぜひお力添えをいただきたく、唐突ながらお手紙を差し上げました。

すでにお聞き及びと存じますが、私が五年間勤務してまいりましたソフト社がこの一月に業績不振で倒産いたしました。その後、ソフト社で蓄積したシステムエンジニアの経験を生かしたく、方々に出願してまいりましたが、今だに思わしい進展がございません。

つきましては、①お顔の広い木村様にお口添えいただければと思い、ご迷惑を顧みずご相談する次第です。もし、同業他社で採用を予定しているところがございましたら、ご高配賜りたくお願い申し上げます。

誠に勝手ながら、③履歴書及び職務経歴書を同封させていただきました。ご繁忙の折恐縮でございますが、近々お電話差し上げましたうえ、改めてごあいさつに伺わせていただきたく存じます。

末文

末筆ながら、ご自愛のほどお祈り申し上げます。まずはお願いまで。

敬具

ました。

③履歴書を同封いたしますので、ご検討いただければ幸いと存じます。

まめ知識

■関連語句

再就職・お口添え・就職先・お心当たり・ご面倒

保証人の依頼

息子の入社にあたり保証人を依頼する

男性→知人

前文

拝啓　立春の候、秋山様はじめご家族の皆様にはますますご健勝のこととお慶び申し上げます。

主文

さて、突然のお願いで誠に恐縮ですが、息子亮の❶身元保証人をお引き受けいただきたく、お手紙を差し上げました。

亮はこの春大学を卒業し、太陽生命保険に就職が決まっております。入社に際し保証人が必要とのことなのですが、当地に私どもの親戚もございませず、秋山様にやむにやまれずお願い申し上げる次第です。

まだまだ至らぬ息子でございますが、❷あなた様に決してご迷惑が及ばぬよう厳しく申しつけ、もし万一の場合には、私どもが一切の責任を負うことをお約束いたしますので、❸なにとぞ当方の事情をおくみとりのうえ、ご了承くださいますようお願い申し上げます。

末文

本来ならばお伺いしてお願いすべきことですが、内諾をいただいてからと思い、まずは書中にてお願い申し上げます。

敬具

Point

▼保証人が必要な理由を述べ、先方に納得してもらうよう誠意を持って書きます。▼あとで迷惑が及ぶことがないことを強調し、安心を得るのが大切です。▼金銭がからんでくる保証人の場合、特に相手の不安の解消を第一に考えて文面を作成しましょう。▼多少親しみを込め、礼を尽くした文面にします。

きまり文句

❶身元保証人が必要とのことで、社会的信用の厚いあなた様にお願いできれば、これに勝る幸せはございません。

❶保証人に御名をお連ねいただきたく、お願い申し上げます。

❷ご迷惑をおかけするような不始末は決して起こさないことをお誓い申し上げますので、お力添えいただけますようお願い申し上げます。

❸厚かましいお願いで恐縮ではございますが、お力添えいただきたく

娘の身元保証人を依頼する

女性→義弟

前文

桜のつぼみはまだ固いとはいえ、少しずつ春は近づいてきているようです。皆様お元気でお過ごしのことと存じます。

主文

❹本日は孝夫さんにお願いがございます。先日妹には電話で話したのですが、娘祐子の身元保証人になっていただけませんでしょうか。おかげさまでアスカ銀行に入社が決まりましたが、東京在住または在勤の方を保証人に立てるよう言われました。条件に合う方で頼りになる人といいますと、孝夫さんしかいないと勝手に考えた次第です。

ご存じのように、祐子は少し子どもっぽさはあるものの、責任感の強い子です。もちろん、社会人になったからといって、親の務めが終わるわけでもなく、私どもも十分監督するつもりでおります。

❺ご承諾いただけました場合は、祐子に書類を持たせて伺わせますので、電話ででもご返事いただければ幸いです。

末文

春には私も上京いたしますので、ごあいさつに伺います。

時節柄、ご自愛専一《じあいせんいつ》に。

お願い申し上げます。

❸ご迷惑とは存じますが、なにとぞご承諾のほどお願い申し上げます。

❹本日は折り入ってお願いしたいことがございまして、お手紙を差し上げました。

❺ご承諾いただけましたら、すぐに書類を持参し、お伺いいたす所存です。

まめ知識

■**関連語句**

保証人・身元引受人・承諾・承知・承引・聞き入れる・応諾・快諾・恐縮・ご迷惑のかからないよう

■**意味**

自愛専一《じあいせんいつ》：自分の体を大事にすることを第一としてください。

借金・借用の依頼

借金を依頼する

男性→知人

前文

謹啓《きんけい》　日増しに寒さがつのっておりますが、皆様にはますますご健勝のこととお慶び申しあげます。

主文

さて、❶突然のお手紙で恐縮に存じますが、至急お頼みしたい件があり筆を取りました。

実は、昨年、父が長患いの末、他界し、母が心労のため体調を崩して二カ月ほど前から入院しております。そのようなわけで出費が続き、どうしても治療費の融通がつきません。そこで、❷誠に厚かましいお願いでございますが、三十万円ほどお貸しいただけないでしょうか。

来月末日まではしかるべき利子をつけてご返済いたしますので、❸ご迷惑のこととは重々存じておりますが、なにとぞ御意《ぎょい》のほどお願い申し上げます。

末文

まずは書面にてお願い申し上げる次第です。

謹言《きんげん》

Point

▼素直に自分の窮状を伝え、用件を絞って謙虚な気持ちで文面を作成します。▼金銭を借りる場合は、借用金額、借用期間、返済方法などを明記すること。▼返済を延長する場合は、その事情とお詫びの気持ちを誠意を込めて書きましょう。

きまり文句

❶このたび急場の出費を迫られて途方に暮れております。ほかに頼るあてもなく、思い切って申し上げる次第です。

❷ぶしつけなお願いで大変心苦しいのですが、事情をご高察いただき、五十万円ほどご融通いただけないでしょうか。

❷誠に申し上げにくいことなのですが、二十万円ほどご融通いただけないでしょうか。

❷三月十日までに、金五十万円、しかるべき利子にて一時ご用立て願

資料の借用を依頼する

女性→大学時代の恩師

前文

謹啓　吹く風も涼やかな秋になりました。ご無沙汰《ぶさた》しておりますが、先生にはお変わりなく、お元気でお過ごしのことと存じます。

主文

さて、このたび私どものデザイン事務所で、来春出版予定の『カメラ百科事典』を制作することになりました。この出版に際しまして、ライム社発行の『アングルとフィルム』を関連資料として探しておりましたが、すでに絶版になっており、版元にも問い合わせてみましたが、残念ながら入手不可能とのことでした。学生時代、先生のゼミで『アングルとフィルム』を取り扱っていたことを思い出し、お手紙を差し上げた次第です。

もし、よろしければ、資料として『アングルとフィルム』を一カ月ばかり拝借するわけにはまいりませんでしょうか。貴重なものとはよく存じ上げておりますので、❹大切に拝見し、一カ月といわずなるべく早くお返しに上がります。

勝手ながら、明後日の午前中に電話でご都合を伺い、ご承諾いただけましたら、大学まで参上いたしたいと存じます。

末文

まずは取り急ぎご依頼まで。

敬具

❸えれば大変ありがたく存じますが、なにとぞよろしくご高配のほどお願い申し上げます。

❸失礼なお願いではございますが、ご承引いただけませんでしょうか。

❹取り扱いについては万全を期し、私が全責任を負うことをお誓い申し上げます。

❹大切に使わせていただくことをお約束いたします。

まめ知識

■**意味**

御意《ぎょい》：お目にかかりたい。お考えを得たい。

金子《きんす》：お金、貨幣

縁談の依頼

知人に息子の縁談を依頼する

女性→知人

前文

謹啓《きんけい》　晩秋の候、大森様にはお変わりなくお過ごしのことと存じます。日頃はご無沙汰《ぶさた》ばかりで失礼いたしております。

主文

さて、本日は①長男英紀の件でご相談したいことがあり、このようなお手紙をしたためました。

②英紀も次の誕生日で三十五歳になりますので、親の私としましても、そろそろ身を固めさせたく思っております。本人は、忙しくてお付き合いする時間がないなどと言うばかりで、毎日夜半まで仕事で飛び回っています。結婚の意志はあるようですが、私どもの交際範囲も狭いゆえ、なかなか適当な方が見つかりません。

そこで③ご交際の広いあなた様に、どなたかお心あたりの方がいらしたらぜひご紹介いただけないものかとお願いする次第です。突然で誠に恐縮ですが、お心にお留めいただければ幸いに存じます。

末文

本人の経歴書と写真を同封させていただきますので、なにとぞよろしくお願い申し上げます。

敬具

Point

▼人の一生を左右する大切な事柄ですから、慎重を期して信頼のできる人にお願いしなければいけません。▼内容を簡単に述べ、押しつけがましくならないよう表現に注意します。▼相手に対して頼みごとをするという謙虚な気持ちで。▼素直な調子であくまでも力添えを願うような文面にします。

きまり文句

①私どもの次女美和子の縁談につきまして、お力添えをいただきたくお手紙を差し上げました。

①娘由紀子について、お宅様に折り入ってお願い申し上げたい儀がございます。

②私どもの長女美穂もそろそろ年頃と思い、良縁をと願っています。

③お心当たりの方でよいご縁がございましたら、ぜひともお力添えいただきたくお願い申し上げます。

③ご交際範囲の広いあなた様のこと、

友人に娘の縁談を依頼する

女性→友人

前文

立春を過ぎ、ようやく春めいてまいりました。村井様にはいかがお過ごしでしょうか。

主文

さて、突然のお願いで恐縮ですが、❶私どもの娘芳恵の縁談についてご相談したく、ペンをとりました。

❷いつもお心に留めていただいておりました芳恵も、東栄物産に勤め始めて今年で七年目、三十歳になります。親としましては、そろそろ嫁がせたいと考えておりまして、本人もよい方がいればとは思っているようです。

つきましては、❸厚かましいとも存じますが、横田様のおめがねにかなうような方がございましたら、どうかお世話いただけませんでしょうか。娘はおっとりしているほうですので、リードしてくれるような頼りがいのある方でしたらうれしく存じます。

末文

近く本人を連れて伺いたいと存じますが、とりあえず書面にてお願い申し上げます。

どなたか適当なお嬢様をご存じないでしょうか。

❸ ご多忙のところ恐れ入りますが、お顔が広い川崎様によろしくお心がけのほどお願い申し上げます。

まめ知識

■ 関連語句

縁・良縁・縁談・身を固める・年頃・適齢期・嫁がせる・伴侶

縁談の仲介

知人の娘を引き合わせる

女性→友人

前文

前略　新緑がさわやかな季節となりました。ご無沙汰《ぶさた》しておりますが、皆様お変わりなくお過ごしのことと存じます。

主文

さて、本日は、ご長男の雅義君にお嫁さん候補をご紹介したいと思い、お手紙を差し上げました。❶

その方は、私の英会話サークルのお友達、安田さんの娘さんで、香織さんとおっしゃいます。今年二十五歳で、多摩音楽大学を卒業され、ご自宅で子どもたちにピアノを教えながら、家事をお手伝いなさっています。お料理の上手な、やさしい女性で、雅義君にぴったりのお相手ではないかと思います。❷

安田さんに雅義君の話をしたら、一度お食事でもということでした。もし、雅義君にそのお気持ちがあるなら、こちらで早速手配をします。

末文

おせっかいなようですが、あなたからでも、雅義君からでもかまいませんので、よいお返事をお待ちしております。

草々

Point

▼あくまで謙虚さを持って、相手に会ってみようと思わせるような心配りをします。▼押しつけがましい文章にならないように、くれぐれも気をつけましょう。▼二人の相性を慎重に考えたうえで、責任を持って手紙をかくようにしましょう。

きまり文句

❶お見合いの紹介をいたしたく、余計なお節介とは思いましたが、お便りをさせていただきました。

❶あなたが理想としていた結婚相手にふさわしいと思う方がいます。ぜひご紹介したいと思いますが、いかがでしょうか。

❷すてきな方であることは私が保証します。

❷ご近所でも評判のお嬢様です。

❷前途有望な、立派な青年です。

❸まだ意中の方がいらっしゃなければ、一度気楽な気持ちでお会いし

甥へ縁談をすすめる

男性→甥

前文

夏もそろそろ本番ですね。新しい仕事にも慣れ、元気に毎日送っていることと思います。

主文

ところで、今日は、悟君に❶縁談のことでお便りしました。家内の友人からの話なのですが、君と同じように絵を描くことと山に登ることが好きな、はきはきとした快活な娘さんです。フリーのイラストレーターをしているため、男性と知り合う機会がほとんどないとのことでした。❷趣味が同じというのは、ほかの面でも気が合うことが多いと思うし、一度会ってみてはいかがでしょう。

悟君がよければこちらで席を設けますし、二人だけで気楽に会いたいということなら先方にそのように話してみます。

末文

❹彼女の写真と身上書を同封しますので、大事に扱ってください。早いうちに、よいお返事を待っています。

てみてはいかがでしょうか。

❸とにかく一度お会いするだけでもいかがでしょうか。

❹押しつけがましいとは思いましたが、先様の経歴書と写真を同封いたしました。

まめ知識

■**関連語句**

お見合い・縁談・紹介・引き合わせる・結婚相手・お相手・理想・良縁

就職の紹介・推薦

● 就職希望の知人の息子を紹介する

男性↓叔父

前文

①おじさん、ご無沙汰《ぶさた》しておりますが、いかがお過ごしですか。

ご多忙の折、お手をわずらわせてしまうようで恐縮なのですが、今回は、私の懇意にしている知人のご子息のことでお願いがあり、お便りいたしました。

主文

本人は、昨年の春、玉都大学を卒業後、約二年間ニューヨークにおいて語学・マーケティングの勉強に励み、今年の六月帰国いたしました。社会に出る前に、得意の語学を生かして、さらにマーケティングの勉強をしたいと、勉学に励んできたようです。

そうした知識を、貿易関係の職場で生かしたいと本人は強く希望しています。そこで、おじさんの話をしたところ、大変興味を示し、ぜひ詳しいお話をお聞きしたいとのことでした。②本人の性格は明朗で快活、語学力もすぐさま仕事に役立つことと思われます。③一度面談してはいただけませんでしょうか。

末文

お忙しいところ申し訳ありませんが、よろしくお願いいたします。

Point

▼紹介の手紙は、本人の経歴や人柄を保障し、責任を持って相手に伝えることが大切です。▼自分と紹介者の関係や身元をきちんと述べます。▼推薦の手紙では、相手も希望や期待にこたえうる人物であるということを明確に述べます。▼相手が安心できるように、また要領よく紹介者を説明しましょう。

きまり文句

①突然のお願いで恐縮ですが、私の知人の木村達也氏をご紹介いたします。

①先日お話しいたしました山田氏をご紹介申し上げます。ご多忙中誠に恐縮ではございますが、よろしくお願い申し上げます。

①本日は、私の後輩の木村達也君をご紹介申し上げます。同君はあなた様がお勤めの○○社への入社を切望しております。

②私の目から見ましても、語学に堪

就職を希望する会社へ自薦状を書く

女性→会社

前文

拝啓　貴社益々ご隆盛の趣、お慶び申し上げます。

主文

ご多忙の折、突然このような手紙を差し上げ恐縮に存じます。私は来春、和東大学芸術学部デザイン科を卒業見込みのものです。かねてより卒業後は映像関係の仕事に就くことを希望しており、大学では映画研究会に属し、自主映画の上映を続けてまいりました。

このたび卒業を間近に控え、ぜひ貴社で働かせていただければと切に望んでおります。これまでは、主に脚本・撮影を担当してきましたが、映像の世界を知れば知るほど、その奥の深い底知れぬ魅力に取りつかれております。特に、貴社が製作された「サイエンスシリーズ」は大変興味深く、いずれはあのような制作に参加できればと思い、貴社への就職を希望している次第です。

末文

履歴書を同封いたしました。後日お電話申し上げますので、ご高覧《こうらん》のうえよろしくご配慮のほどお願い申し上げます。

敬具

能で国際感覚にすぐれた人物であります。

2 人柄はさっぱりしており、学生時代にスポーツで培ったたくましい精神力は仕事にも生かされるものと存じます。

3 ご引見くださいますようお願い申し上げます。

3 ご面接のうえ、本人と直接お話しいただければ幸いに存じます。

まめ知識

■ 関連語句

紹介・推薦・推奨・推挙・推す・適任・自薦・引見・面接・紹介状・推薦状・自己紹介状

いろいろな紹介状

●CDを紹介する

男性→友人

前文

拝啓　秋も日毎《ひごと》に深まってまいりましたが、その後お変わりありませんか。

主文

　さて早速ですが、❶先日のお電話で、これからの季節に楽しめる女性歌手のCDをお探しとのことでしたので、カリ・ブレムネスの『回想』をご紹介したいと存じます。

　北欧の女性シンガーのなかでも実力派として名高いノルウェーの歌手です。透明感のある歌声で大人の歌を歌える知性派歌手として、最近、日本でも静かなブームになっています。

　アルバムはこの春、発売されたもので、お近くのCDショップで見つかることと思います。❷機会がありましたら、一度お聴きいただきたく存じます。

末文

　まずはお知らせまで。

敬具

Point

▼物品を紹介するときは、どのような物なのか詳しく説明し、相手の役に立つよう配慮しましょう。▼店などを紹介するときは、どのようなところがすすめられるのかそのポイントを要領よくまとめます。▼押しつけがましくならないよう、相手が客観的な判断ができるよう文面を工夫して。

きまり文句

❶贈り物に最適な食べ物ということでしたが、あられがよろしいのではないかと思います。木村屋総本店の物でしたら、五越デパートでお買い求めになれます。

❶五人様で気軽にフランス料理を楽しみたいなら、赤坂のマルシェをおすすめいたします。

❶私も習ったことのあるイギリス人のジェームス先生なら信頼のできる授業をしてくれると思います。

❷ぜひ聴いてみてください。あなた

予備校を紹介する

女性→知人

前文

春とは名ばかりで、まだまだ寒さは厳しく身にこたえます。皆様お変わりございませんか。

主文

さて、①先日ご相談いただいた修一君の予備校の件でございますが、娘に聞いてみましたところ、賀茂大の医学部を狙うにはアール予備校がよいのではということでした。

娘は、お宅様がおっしゃっていたエム予備校で英語の講師をしておりますが、二年ほど前に理科のよい先生が異動になったため、理系の学部はあまりおすすめできないとのことです。

アール予備校は、この五年間、賀茂大医学部合格率は第一位、先生方も専任の経験豊富な方ばかりとか。特に、賀茂大に的を絞ったクラスは人気が高いとのことです。

下の娘の友人で、アール予備校から賀茂大の理学部に入った方がおりますので、一度お話を聞かれてみてはいかがでしょう。③相手の方には、私のほうから連絡申し上げておきます。

末文

ともあれ、賀茂大学を狙う秀一君が実力を発揮するのには、アール予備校がふさわしいのではと思われます。まずは取り急ぎ要件のみにて失礼いたします。

の趣味に合うと思います。

③もしよろしければ、私が間に立ってご紹介させていただきます。

まめ知識

■関連語句

紹介・お薦め・推薦・特薦・最適・満足・納得・喜んでいただける・充実

相談をもちかける

職場での対人関係について相談する

女性→学生時代の先輩

前文

お変わりなくお過ごしのことと存じます。❶本日は、折り入って相談したいことがあり、一筆差し上げました。

主文

実は、新しい部長とうまくいかず、憂鬱《ゆううつ》な毎日を送っています。部長は何かにつけ私に理不尽な要求を押しつけては、仕事が遅い、ミスが多いと小言を言います。確かにミスもありますが、次々と仕事を押しつけ、毎日、深夜までかかるような有り様では致し方ありません。辞職すればすむことかもしれませんが、仕事そのものには興味もあり、気に入っているのです。

なんとか部長に私のことを理解してもらいたいのですが、どうすればよいのか途方に暮れています。❷私の性格をよくご存知の高橋さんなら、この状態からの脱出方向を示していただけるのではないか、とお願いする次第です。

Point

▼あるがままをさらけ出し、自分の気持ちと苦悩を理解してもらえるよう心がけます。▼相談相手にすべて任せるといったことは避け、相手の負担を軽くするような文面にします。▼こちらの都合ばかり述べずに、感謝の気持ちを込めることも必要です。

きまり文句

❶実はご相談したいことがあってお手紙差し上げました。

❶ご相談したく筆をとりました。

❶早速ですが、ご相談したいことがあります。

❷人生経験の豊富な荒川様なら、この問題を解決するヒントをご示唆いただけるのではないか、と愚考いたした次第です。

できれば、この週末にでもお会いしたく存じます。二、三日中にお電話を差し上げますので、よろしくお願い申し上げます。

子供の進路について相談する

男性→実兄

前文

前略　兄さん、元気ですか。

主文

1 突然ですが、隆史の就職先について、兄さんのご意見を聞きたいと思い、手紙を書きました。この度、隆史が二社から内定をいただき、どちらかを選択することになりました。その二社と同じ業界に長年勤務している兄さんから、どちらの企業が将来性があるのか、業界内での評判はどうかなどの意見をお聞きしたいと思います。

恥ずかしながら、まったく違う業界の私としてはその辺りの情報がわかりません。親としては、隆史のためによい選択ができるように情報を集めてやりたいと思っています。どうか忌憚《きたん》ない意見をお聞かせください。

末文

草々

まめ知識

■**関連語句**

お願い・助け・吐露《とろ》・告白・すがる・打ち明ける・肺肝《はいかん》を摧《くだ》く

■**意味**

忌憚《きたん》：遠慮すること

その他の問い合わせ

●商品について問い合わせる

男性→企業

前文

前略

主文

私は、七月二十日に、秋葉原のパソコンショップ「ベータ」にて、御社のパソコン○○を購入したものです。

製品に添付されていたマニュアルを読んでみたのですが、○○の操作方法についてマニュアル通りにやってみたものの、途中からどうしてもうまくいきません。

そこで、もう一度マニュアルの使用説明書を見たところ、インターネットの接続方法に関するマニュアルが添付されていないことが判明しました。このマニュアルがないと、インターネットの接続方法がわかりません。

❶お忙しいところお手数ですが、至急、インターネットに関するマニュアルを下記住所までお送りいただきますようお願い申し上げます。

末文

草々

Point

▼問い合わせる目的、理由をきちんと説明します。▼問い合わせる内容は、箇条書きにするなどして、わかりやすくする工夫をしましょう。▼返事をもらうことを前提として書く場合は、返信用のはがきや切手を同封するのが礼儀です。▼期限を設けるときはその旨を書き添え、時間に余裕を持たせて出します。

きまり文句

❶お手数とは存じますが、お返事をお待ち申しております。

❶勝手ではございますが、よろしくご確認のほどお願い申し上げます。

❶以上、取り急ぎお問い合わせ申し上げます。

❷御社製品○○についてお尋ねしたく一筆差し上げます。

❷一週間ほど前に秋葉原の○○店で購入しました○○の操作方法について不明の点がございますので、

催し物について問い合わせる

男性→団体

前文

前略

主文

私は、所沢市に住む寺田啓太と申します。十月一日から一週間の予定で開催されます、コンサートの駐車場についてお尋ねしたく一筆差し上げました。

すでに購入しましたチケットによりますと、車での来場は受けつけないとのことですが、どこか、近くの駐車場を紹介していただけないでしょうか。私事で恐縮ですが、一年前から車椅子の生活を余儀《よぎ》なくされておりまして、当日は、嫁の運転で会場へ伺いたいと思っております。

今回のコンサートを楽しみにしておりましたが、車で来場できないとなると、一人ではとうてい会場まで行くことができません。また、所沢からタクシーを使いますと、料金が相当かかってしまいます。

会場近くの駐車場と申しましても、私も嫁もそちらの方面には不案内で、どうしたものかと途方《とほう》に暮れております。誠に勝手なお願いで恐縮ですが、何とぞよろしくお願いいたします。

末文

かしこ

❷貴ホール○月○日開催予定のイタリア三大オペラコンサートについてお伺いしたく、お手紙差し上げました。

❸つかぬことをお伺いいたしますが、

❸突然のお問い合わせで恐縮ですが、お尋ねいたします。

まめ知識

■関連語句

質問・照会・問う・尋ねる・聞く・ただす・回答・返答・筆答・確答・明答・賢答・直答

8 断り・催促・抗議の手紙

誰でも、断りの手紙は書きにくいもの。だからといって、いつまでも出さずに返事を延ばしてしまうとよけい断りにくくなってしまいます。一日延ばしにせず、思いきって早めに書くようにしましょう。

断り方も、遠回しな、もってまわった言い方はせずに、はっきりと意思表示をすることが大切です。

そして、断る理由もきちんと書きます。相手が納得いくような理由を明記し、やむなく断らざるをえないという気持ちが伝わるように書きます。

また、好意の申し出を断るときは、こちらの事情だけを述べずに、相手の好意に対する感謝の気持ちも書き添えるようにしましょう。

催促・抗議の手紙は、相手の非を責めるのが目的ではありません。相手に非を認めさせ、こちらの迷惑や損失に対して善処させるのが目的です。

ですから手紙を書くときは、どのようにすれば事態が解決できるかということを念頭に置いて書くようにしましょう。感情的になって、相手をなじるような書き方は禁物です。

催促の手紙では、相手との関係を壊さないよう文面に気をつけ、いち早く問題解決ができるよう、タイミングにも気を配ります。

抗議の手紙では、相手を非難しないで、冷静な文面を心がけます。事実関係を正しく把握し、こちらの受けた迷惑や損害を正確に述べるよう気をつけましょう。

① **前文**

② **謝意**
誘ってもらったことへの感謝の気持ちを記します。

③ **断り**
理由を明示して不参加の旨を知らせます。

④ **今後の対応**
またの機会に参加したい旨を伝えます。

⑤ **末文**

拝啓　清涼の候、大出様にはますますご健勝のこととお慶び申し上げます。

さて、このたびの、軽井沢でのテニス合宿の件、お誘いいただきありがとうございました。

実は、喜んで参加させていただきたいと思っておりましたところ、あいにく先週、足首を捻挫してしまい、接骨院に通院中です。スポーツができるまではしばらく時間がかかるとのことで、このたびは残念ながら不参加のご返事を申し上げなければなりません。

せっかくお誘いくださったのに、申し訳ございません。何とぞ悪しからずご了承くださいますよう、お願い申し上げます。高橋様はじめ、ご参加の皆様にはくれぐれもよろしくお伝えください。

また、次の機会にご一緒させていただければと思いますので、ぜひその節はよろしくご指導お願いいたします。

では、取り急ぎ、お詫びかたがたご連絡まで。

敬具

借金・借用を断る

借金の申し込みを断る

男性→友人

前文

拝復　①お手紙確かに拝見しました。ご苦境のほどお察し申し上げます。

主文

私のようなものに相談くださるとはよほどのことなのでしょう。②せっかく頼りにしていただきましたので、なんとかご用立てしたいのはやまやまなのですが、恥ずかしながら私どもも住宅ローンを抱えており、お申し越しのような金額はとても工面できそうにありません。困っているときはお互い様ですから、少しでもお役に立ちたいのですが、なに一つできないわが身のふがいなさを嘆くばかりです。③ご期待くださいましたのに、申し訳ありませんが、当方の事情をおくみとりのうえ、今回はどうかあしからずお許しください。

末文

まずはお詫びかたがた取り急ぎご返事まで。

敬具

Point

▼返事を延ばして、相手に期待を持たせるのは失礼ですから、できるだけ早く出しましょう。▼相手を傷つけないよう、しかしはっきりと断り、納得してもらえるような表現の工夫をしましょう。▼丁寧な言葉づかいを心がけ、決して尊大にならないよう注意が必要です。

きまり文句

①ご書面を拝見し、私のような者にご相談くださるとは、ご苦境十分にお察しします。

②ご苦境のほどお察し申し上げますが、お申し越しの金額はお引き受けいたしかねます。

②お断りするのは大変心苦しいのですが、思いがけない出費が続き、当方も余裕がございません。

③私どもをご信頼いただいてのお申し越しお役に立つことができず、心苦しい限りです。

③長年のご交誼におこたえできず、

別荘の借用を断る

女性→友人

前文

お手紙拝見いたしました。

主文

家族そろって夏休みの計画を立てていらっしゃるとのこと、和也君や雅也君もさぞかし楽しみにしているのでしょうね。

それを思いますと大変心苦しいのですが、お尋ねいただいた軽井沢の別荘の件、残念ながらお断りしなければなりません。

と申しますのは、この夏は実家の両親たちが、避暑をかねて八月いっぱい滞在する予定になっております。東京の暑さは年々厳しくなっておりますので、年老いた体にはこたえるのでしょう。梅雨が明けたら早々に脱出すると申しております。何もないところですが、年寄りが二人でのんびり過ごすには、ちょうどよいのかもしれません。

昨年の夏は、庭で焼き肉パーティーをしたり、近くのプールで泳いだりと、楽しかったですものね。そのような事情で、私どもも、今年は軽井沢のかわりに、河口湖へ子どもたちを連れてキャンプに行く計画を立てております。

❸あのような古くて狭い別荘を気に入っていただいたのは大変光栄ですが、右の事情なにとぞご了解くださいますようお願い申し上げます。

末文

取り急ぎご返事まで。

❸ お恥ずかしい限りです。日頃お世話になっているにもかかわらず、お役に立てず申し訳ございません。

まめ知識

■意味

ご交誼《こうぎ》：交際をしている人同士の親しい付き合い

保証人の依頼を断る

●就職の身元保証人を断る

男性→知人

前文

お手紙拝見いたしました。息子さんの就職がお決まりとのこと、おめでとうございます。さぞかしお喜びのことと存じます。

主文

さて、❶お話の保証人の件でございますが、❷日頃からお世話になっている佐々木様には大変申し訳ないのですが、保証人になりますのはあまりの大役、小生には荷が重すぎますので、今回はご勘弁《かんべん》願います。

せっかく頼りにしていただきましたのに❸お力になることができず、誠に申し訳ございません。

他にどなたか適任の方をお求めいただきますようお願い申し上げます。と同時に、今後とも変わらぬご交誼《こうぎ》のほど、よろしくお願い申し上げます。

末文

まずは取り急ぎ、お詫びかたがたご返事まで。

不一《ふいつ》

Point ▼自分が非力であるため依頼事を果たせないという断り方が無難でしょう。▼言葉づかいや書き方に十分配慮し、相手の気持ちを傷つけないようにします。▼相手を批判して、その後の人間関係を悪くしない配慮が大切です。▼断りの意志を明示し、あいまいさを残さないよう気をつけます。

きまり文句

❶ご依頼いただきました件ですが、

❶お申し越しの件につき、ご返事申し上げます。

❷私はまだ人様の保証人となるというところまで達しておりませんので、誠に申し訳ありませんがご辞退させていただきます。

❷いまだ若輩者ゆえ、お役に立てる自信がございません。今回はご辞退申し上げたく存じます。

❷私のようなものが安請け合いをして保証人となりますのは、かえっ

連帯保証人の依頼を断る

男性→知人

前文

拝呈　梅雨明けが待たれるこの頃ですが、ますますご健勝の由、心からお慶び申し上げます。私どもも家族一同、元気に過ごしております。

主文

さて、❶ご依頼の連帯保証人の件、申し訳ないのですが、お断りせざるをえません。

あなたのことですから、万が一にも間違いはなかろうと思っております。ただ、❹小生の主義として種類のいかんを問わず一切の保証はご辞退しております。

かつて祖父が、連帯保証人になったために大変苦労したことがあったそうで、私も父から強く禁じる旨を申し渡されて以来、ご辞退申し上げておる次第です。

ほかならぬあなたの頼みをお断りするのはつらいのですが、そういうわけでお引き受けすることができないのです。どうか事情をご賢察《けんさつ》のうえ、あしからずご了承いただきたく存じます。

そのほかのことで力になれることがありましたら、お手伝いさせていただきますので、どうかご遠慮なくお申し出ください。

末文

今回は貴意に添えず申し訳ありませんでした。

敬具

てご迷惑をおかけすることにもなりかねませんので、ご遠慮申し上げます。

❸お役に立てず申し訳なく存じます。

❸ご期待にそむき、深くお詫び申し上げます。

❹誠に心苦しく存じますが、当方の事情もあり、ご期待に添うことはできない次第です。

まめ知識

■意味

ご賢察《けんさつ》：相手が推察することに対する敬称。

不一《ふいつ》：十分に意を尽くしていない、というお詫びの気持ちをこめる場合の末尾語

その他の依頼を断る

●教え子の親からの贈り物を断る

女性↓生徒の両親

前文

拝啓　晩秋の候、飯塚様にはますますご清祥のこととお慶び申し上げます。

主文

本日は、誠に結構なお品をいただきまして、恐縮に存じます。

お心づかいは大変ありがたいのですが、教師という立場で、ご父母の方からこのようなお品をお受けするわけにはまいりません。私自身長い間このことを信条として今日まで過ごしてまいりました。また、学君の退院後、勉強を手伝わせていただきましたのも、教師としての当然の勤めと思っておりました。

つきましては、ご好意だけ頂戴《ちょうだい》いたし、お品はご返送させていただきました。❶どうかお気を悪くなさいませんよう、あしからずご了承くださいませ。

末文

まずはお礼かたがたごあいさつまで申し上げます。

敬具

Point

▼事情を述べてはっきりと断りの意志を示します。▼相手の依頼にこたえられずに申し訳ないというお詫びの気持ちを込めて、角が立たないよう文面を工夫しましょう。▼言葉づかいや書き方に配慮し、相手を責めたり、批判しないような配慮が必要です。

きまり文句

❶当方の心情をお察しのうえ、なにとぞあしからずご了承のほどお願い申し上げます。

❶なにとぞご海容ください。

❶事情をご高察のうえ、ご承知いただきたくお願い申し上げます。

❷右の理由で、お力添えできず残念ではございますが、どうかご海容のほどお願い申し上げます。

❷これまでも何度か頼まれましたが、そのような理由でお断りしてまいりました。お力添えできずに残念でございますが、何とぞご容赦の

仲人の依頼を断る

男性➡学生時代の後輩

前文

拝復　ご婚約おめでとう。
大学の頃はラグビー一筋で、女性に人気がありながらも見向きもしなかった吉田君がと思うと、感慨深いものがあります。さぞかしご両親もお喜びのことでしょう。

主文

さて、媒酌《ばいしゃく》のことですが、ほかならぬ君からの申し出とはいえ、ぼくも社会人としてはまだまだ若輩の身、少々荷が重すぎるようです。妻とも話し合ってみたのですが、やはり大役を果たす自信がないと言っています。❷そんなわけですから、せっかくのお話ですが、媒酌の件は辞退させてください。

上司の方にでもお願いしてみてはいかがでしょうか。ご両親ともよくご相談ください。

そのかわりといってはなんですが、ラグビー部OBで君のご婚約を祝う集いを持ちたいと思っています。泥にまみれ共に汗を流したもの同士、肩ひじ張らない会を企画していますので、君さえよければ、婚約者の方と相談してみてください。

末文

では、お二人の幸せを祈っています。まずはお詫びかたがたお返事まで。

敬具

ほどお願いいたします。

まめ知識

■関連語句
力添え・荷が重い・安請け合い・迷惑・若輩・分不相応

■意味
海容《かいよう》：寛大な心

縁談を断る

●見合い前に縁談を断る

男性→元上司

前文

拝啓　高田様にはお変わりなくお過ごしのことと存じます。

主文

このたびの縁談につきましては、私のようなものに親切なお心づかいをいただきまして、誠にありがとうございました。あれから、いろいろと考えてみたのですが、私にとってはもったいないくらいの良縁とは知りながら、❶大変勝手ではございますが、❷このたびのお話はご辞退させていただきたいと思います。

といいますのも、私は年齢こそ二十代後半にさしかかりましたが、精神的にはまだまだ未熟で、とても家庭を築いていく自信がございません。❸もう少し独身で自分を向上させてから、結婚のことを考えたいと思っております。

高田課長のせっかくのご好意を無にするようで申し訳ありませんが、なにとぞご容赦ください。先様《さきさま》にはよろしくお取り計らいくださいますようお願い申し上げます。

末文

敬具

Point

▼あいまいにするとかえって相手に迷惑をかけます。断りの意志ははっきり示しますが、相手を傷つけないよう表現に気をつけましょう。▼自分に直接きた縁談であれば、必ず自分で手紙を書いて断ること。▼断る意志があるときは、時間を置かずに早めに断ることが相手への心づかいというものです。

きまり文句

❶誠に恐縮ですが、

❶せっかくのありがたいお話ですが、

❷今回はお断りさせていただきます。

❷結婚するにはまだ未熟と思っておりますので、ひとまずお断りさせていただきたく存じます。

❷お断りするのが遅くなってはかえって失礼と存じますので、ここにご辞退申し上げます。

❷ご縁がなかったものとし、白紙にもどしていただきたくお願い申し上げます。

恩師にすすめられた縁談を断る

女性⬇恩師

前文

拝啓　雨に濡れた紫陽花《あじさい》の花が鮮やかに咲きにぎわう今日この頃、先生には、お変わりございませんか。

主文

　中山様をご紹介いただいてから、二カ月がたとうとしています。その間、ドライブやお食事に何度となくお誘いくださって、私も楽しい時を過ごさせていただきました。ところが、実家に帰った折、母から、九月から二世帯住宅を建てるとの計画を聞きました。

　以前、中山様は、故郷のある宮崎への転勤願いを出しているとおっしゃっていました。結婚したら、ご両親といっしょに住みたいとのことでした。

　私も中山様と同じ一人っ子で、両親を思う気持ちは同じです。いろいろと考え悩んだのですが、今のうちにお別れしようという気持ちに固まりました。

末文

④これまでおつきあいいただきながら、誠に心苦しいのですが、どうかお許しください。中山様には、先生からもよろしくお伝えくださいませ。

かしこ

③もうしばらく社会で学んでから結婚生活に入りたいと考えております。

③いま一段の進歩がなるまで、結婚のことは考えない所存でおります。

④ご好意に背くようで誠に申し上げにくいのですが、このたびは結婚を決意するまでには至りませんでした。

まめ知識

■関連語句

未熟者・至らない・ふつつか・社会経験が浅い・気持ちの準備・年齢的に

勧誘・招待を断る

マルチ商法の勧誘を断る

男性→知人

前文

ご無沙汰しておりますが、いかがお過ごしでしょうか。お手紙拝読いたしました。

主文

ご紹介いただいた健康食品ですが、効果や利用者の声などを聞くととても興味をそそられます。しかし、以前父が健康食品を使い始めたところ、体質と合わずむしろ病院にかかってしまったことがありました。それ以来、わが家では食品に関して少々過敏になっております。❶せっかくのおすすめですが、今回は残念ながらお断りさせていただきます。

末文

また別の機会に、近況報告がてらお会いできればと思っております。

Point ▼あくまでこちらのやむを得ない都合で断るのだということを強調します。▼招待を断る場合は、盛会を祈る言葉を忘れてはいけません。▼丁寧に感謝の気持ちを書いて、今後も友好関係を維持していきたい意志を表現します。▼信条にかかわるときは、二度とそういうことがないようはっきり断ります。

きまり文句

❶おすすめいただいた件、いろいろと考えてみたのですが、ほかの方々にご迷惑をおかけすることは必至と考え、今回はご辞退申し上げます。

❶申し訳ございませんが、まだ決心がつきかねております。

❶せっかくのおすすめではございますが、今回は右の理由でお断り申し上げます。

❷せっかくお呼びいただいたのですが、出席できずに残念です。

行楽への招待を断る

女性→友人

前文

野も山も緑に美しい季節となりました。お手紙どうもありがとう。手紙の文面から、学生時代と変わらないバイタリティあふれる洋子の顔が浮かんできました。元気そうですね。

主文

さて、ゴールデンウィークに伊豆のリゾートホテルが社員割引で借りられるというお話、とても魅力的ですね。❷ぜひとも一緒に行きたかったのだけど、残念ながらだめなようです。

というのも、五月の三日は、ちょうど祖母の十三回忌が予定されていて、実家に帰らなくてはならないのです。せっかく誘ってもらったのに、本当にごめんなさい。

当日は、礼子や真弓たちも集まるとのこと。久しぶりに懐かしい顔ぶれがそろうのですね。学生時代は、よくこのメンバー四人で、食べ物を持ち寄ってパーティーをしたり、いろいろなところに旅行に行ったりしましたね。

当日も、にぎやかな旅行になることでしょう。ちょっと悲しいけど、私の分まで楽しんで来てください。❸みんなにも、くれぐれもよろしく。

次は、このお詫びに私が何か企画を立てます。そのときにはみんなで集まれることを楽しみにしています。

❷折悪しく先約がございまして、残念ながら参加できません。

❸なにとぞ皆様によろしくお伝えくださいますようお願い申し上げます。

まめ知識

■**関連語句**

不参加・欠席・先約・用事・予定・事情

返済・返却の催促

貸金の返済を催促する

男性→友人

前文

残暑厳しい日が続いておりますが、いかがお過ごしでしょうか。景気はいっこうに上向きませんが、第二の人生として始めた小料理屋のほうは順調でしょうか。

主文

ところで、申し上げにくいことながら、開店時に運転資金にとご用立てした一〇〇万円、わずかばかりですがお役に立ちましたか。

実は、家内が突然くも膜下で倒れ、現在大山病院に入院しております。❶そのような事情により、ご都合つき次第至急お返し願いたく、催促がましいのですが一筆執りました。ぼくも貴君へ用立てたお金をあてにするほか、まったく余裕がないのが実情です。

大学時代からの間柄ゆえ、新事業へのはなむけの気持ちもあって都合した金ですので、❷ぼくとしても心苦しいのですが、急な事情を察し願って、なにとぞよろしくお願いいたします。

Point

▼金銭の催促の手紙は、感情的にならず、一日も早く支払わなければという気持ちにさせる工夫を。▼誠意の感じられない相手には、内容証明郵便などの手段を用います。▼返却の催促は、相手のルーズさを責めるのではなく、具体的な返却方法を提示するのがポイントです。▼用済みかどうか確認しこちらも必要だということを強調します。

きまり文句

❶ご用立てした金子、すでにお約束の期限が過ぎております。いかがになっておりますでしょうか。

❷いろいろとご都合もおありでしょうが、事情をお察しのうえ、ご高配賜りたくお願い申し上げます。

❸当分は使うつもりがなかったのですが、急に入用になりましたので、

❸ご用はお済みでしょうか。もし、お済みでしたら、

❹至急ご返却のほどお願い申し上げ

DVDの返却を催促する

女性→友人

前文

拝啓　初霜《はつしも》の候、いかがお過ごしですか。

主文

先日、妹からオペラのチケットをもらい、久しぶりに生の歌声を楽しんでまいりました。

歌声の余韻をそのまま自宅まで持ち返り、パヴァロッティのＤＶＤをもう一度聴いてみようとしたところ、以前あなたにお貸ししたことを思い出しました。

❸お貸ししたことをすっかり忘れておりましたが、しばらくぶりにどうしても聴いてみたくなってしまったので、❹ご面倒でもお送り願えないでしょうか。

もともと、私のほうからぜひお聴きになってとお渡ししたものですのに、急にこんなことを申し上げてごめんなさい。お手数をわずらわせますけれど、どうぞよろしくお願いいたします。

末文

また、ゆっくりお目にかかれる機会を楽しみにしています。末筆ながら、寒さに向かう折柄、お体くれぐれもご自愛くださいませ。

かしこ

ます。

❹いったんお返し願えませんでしょうか。

まめ知識

■関連語句

金子・返済・猶予・期限・逼迫・全額・入用・催促がましく

その他の催促

息子の就職あっせんを催促する

男性→知人

前文

謹啓《きんけい》

初秋の候、佐藤様にはいよいよご健勝にてご活躍のこととお慶び申し上げます。

主文

先日はお忙しい中をお会いいただいたうえ、息子健一の就職の件、快くお引き受けくださり、誠に感謝の念にたえない次第でございます。

あれから早一カ月ほどになりましたが、その後の様子をお尋ね申し上げたく、❶厚かましいことを十分承知のうえでお手紙を差し上げました。お任せしたまま、手をつかねてただ待っているだけというのでは、あまりに心苦しく存じます。もしなにか、息子なり私なりが出向きましたほうがよいことがございましたら、いつでもお伺いいたす所存ですので、よろしくご指示ください。

末文

❷厄介なお願いを申し上げたあげく、恐縮に存じますが、なにとぞご援助いただきたく、重ねてよろしくお願い申し上げます。

謹白《きんぱく》

Point

▼事実経過を整理して、冷静さを心がけた文面にします。▼一方的に催促せず、相手に対する気づかいを書き添えましょう。▼相手の気持ちをやわらげ、催促せずにはいられないという事情を説明します。▼一度の催促で済まない場合は、また改めて催促状を出すことも必要です。

きまり文句

❶厚かましいとは思いましたが、お手紙を書かせていただいた次第です。

❷なにとぞ当方の意図をご理解いただきたく、再度お願い申し上げる次第です。

❷私どもの事情をおくみとりくださいまして、ご高配のほど切にお願い申し上げます。

❸催促がましくて心苦しいのですが、

❸誠に身勝手な事情で恐縮ですが、

❹次の土曜日にはどうしてもお返事

出欠の返事を催促する

女性→知人

前文

拝啓　春色が日増しに濃くなってまいりました。心浮き立つ今日この頃、皆様にはお元気でご活躍のこととお慶び申し上げます。

主文

さて、本日は、秋田陽介君と本宮美奈子さんの結婚祝賀会の件で、再度お伺い申し上げます。ご通知のほうは、お手元に届いておりますでしょうか。

出欠のご返事を今月の二日までにとお願い申し上げましたが、いまだいただいておりません。

準備の都合もございますので、③ご多用中誠に恐縮ですが、同封のはがきまたはお電話（××××－××－××××　中川）にて、④十二日までにご連絡賜りたくお願い申し上げます。

なお、すでにご返事いただいている場合は、本状との行き違いですので、なにとぞご容赦くださいますようお願い申し上げます。

末文

まずは右取り急ぎお願いまで申し上げます。

敬具

をいただきたいと存じます。

④右の事情により、十日までにご返答いただきたく、よろしくお願い申し上げます。

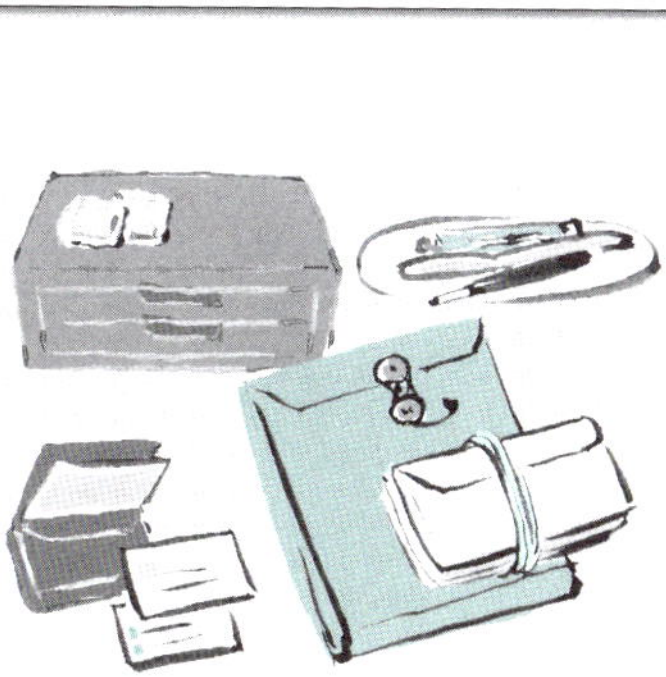

まめ知識

■関連語句

返却・用済み・催促・都合・至急・重ねて・ご配慮

抗議の手紙

●バイクの騒音に抗議する

男性↓近所の人

前文

①突然お手紙を差し上げます。

主文

本来ならば、直接お伺いしてお話しすべきことなのかもしれませんが、お手紙で失礼させていただきます。

さて、最近、お宅の息子さんとそのお友達のバイクの騒音に悩まされて、大変困っております。

深夜十二時過ぎに何台ものバイクが集まり、エンジンを空ぶかしするので、とても寝られたものではありません。

ご近所の皆さんも被害を被っており、私が代表してお手紙を差し上げた次第です。なにとぞ、息子さんに注意してくださいますようお願い申し上げます。

Point

▼冷静さを第一に理路整然と書くことが大切です。▼事実を正確に述べ、当方がどのような被害や損失を被っているかを知らせると同時に、どのような処置をとってもらいたいか要求を明記します。▼公的機関に対しては、責任の所在を明確にします。▼相手に誠意が見えなければ、法的な決着を求める旨明記することも必要です。

きまり文句

①本日は、抗議申し上げたいことがあって、お手紙を差し上げました。

①○○の件で、多大な迷惑を被りましたので、急ぎお手紙を差し上げます。

①突然のお手紙で失礼いたします。○○の件で、多大な損害を被りましたので、正式に抗議いたします。

②できるだけ早急にご処置いただけますよう、お願いいたします。なお、責任あるご返事がない場合は、裁

危険場所の放置に抗議する

女性→役所

前文

突然のお手紙で失礼いたします。私は海浜市磯部町一番地に住む後藤明子と申します。

主文

私の住んでおります磯浜地区住宅地裏に、長さ約五十メートル、高さ十五メートルのがけがあります。雨が降るたびに崩れそうで不安に思っていましたところ、五年前の集中豪雨で一部崩れ、被害が出たことがあったと知りました。

市役所に対策をお願いしても、はっきりしたご返事がいただけません。県庁に問い合わせたところ、防災計画課の方から検討してみるとのご返事をいただきましたが、その後五カ月たった現在も何の連絡もいただいておりません。

聞くところによると、住民に危険を及ぼす場所は、県で防災対策を指導管理する責任があるとのこと。にもかかわらず、再三住民より対策をとるように要望が出ている危険場所を放置しているのは、行政の怠慢《たいまん》と考えざるをえません。

❷早急に、責任あるご返事を書面にてご提出くださるようお願い申し上げます。

❷判所に訴える所存です。できる限り早く、誠意ある回答をいただきたくお願い申し上げる次第です。

まめ知識

■関連語句

訴える・裁判・苦情・迷惑・被害・処置・措置・対処・善処・対策

9 お詫びの手紙

お詫びの手紙はまず、できるだけ早く出すことが求められます。相手から責任を追及されて初めて詫びるのでは、悪いことをしたという気持ちは伝わりません。自発的に詫びる気持ちが大切です。

本来なら、直接相手方を訪問してお詫びの言葉を述べるのが筋ですが、それができないため手紙でかわりに詫びるということになります。お詫びの気持ちを述べたら、どうしてそのような事態になったかという経緯を具体的に説明します。

お詫びの気持ちを素直に表し、事情を説明したら、自分が相手方に対して誠意ある態度であるということを示すよう心がけましょう。

そのためには、形式的な書き方にこだわらず、心から詫びる気持ちを伝えることがポイントになります。

気をつけなければいけないのは、責任を第三者に押しつけることです。人間性を疑われたり、信用を失う原因になりかねないので注意しましょう。

また、言い訳めいた手紙にもならないようにしたいものです。事の次第を筋道立てて書くことを心がけましょう。

目上の人に詫びる場合、また公的な関係にある人に詫びる場合は、普通の手紙以上に礼儀正しい文面になるよう注意します。

親しい人への詫び状であっても、心のこもった手紙になるよう、節度ある書き方をしましょう。

① **前文**

② **謝意**
借りたものに対する感謝の気持ちを表します。

③ **詫び**
申し訳ないという気持ちを素直に表現します。

④ **対応**
指示を仰ぐ気持ちを述べます。

⑤ **末文**

前略
　先日は、姪の結婚式のためにドレスを快くお貸しくださり、ありがとうございました。式当日はお天気にも恵まれ、さわやかなブルーのドレスは親戚にもずいぶんと好評でした。

　早速、クリーニングに出してお持ちしようとしたところ、袖口のところに染みがついておりびっくりしました。その日は中華料理が出され、大皿から取り分けていただきました。おそらく料理を取り分けているときにつけてしまったものと思います。大切にされているものをお借りしたうえ、このようなことになってしまい、本当にお詫びの言葉もございません。

　急いでクリーニング店に持参して聞いてみたところ、しみ抜きに出してみないとわからないとのことでした。

　でき上がり次第お持ちしてお詫びし、ご指示を仰ぎたいと思いますので、しばらくの猶予をくださいませ。

　まずはありのままをご報告し、とりあえず書中をもってお詫び申し上げます。

草々

返済の遅れを詫びる

●納期の遅れを詫びる

男性→取引先

前文

拝啓　貴社ますますご隆盛のこととお喜び申し上げます。

主文

このたびは、貴社からご注文いただきました漆塗椀が納入遅延の事態となり、誠に申し訳ございません。深くお詫び申し上げます。ご注文品のうち七〇〇個は本日発送いたしました。残り、二五〇個につきましては、三月二十日の発送とさせていただきますよう、お詫びとともに慎んでお願い申し上げます。

実は、この件につきましては、小社の見込み違いにより、二月十日現在、生産が間に合わずに急遽《きゅうきょ》増産体制をとりました。

❶小社の手違いで、貴社はじめ、お得意様各位に多大なご迷惑をかけましたこと、お詫びの言葉もございません。

末文

今後は、このようなことのないよう十分に注意いたしますので、なにとぞご宥恕《ゆうじょ》のほど、切にお願い申し上げます。

敬具

Point

▼素直に自分の非を認めて、心から詫びる気持ちを表しましょう。▼相手の催促がある前にこちらから詫びることが大切です。▼弁解めいたことは書かずに、事の次第を具体的に筋道を立てて書きます。▼新たな返済期限を提示し、相手に納得してもらえるよう誠意を示しましょう。▼返済期日延期後の詫び状も、忘れずに出します。

きまり文句

❶当方の都合でお約束の期限に間に合わず、ご迷惑をおかけしましたことお詫び申し上げます。

❷返済期限が近づきましても、今だにご返却できる見通しが立っておりません。

❷今月末までにとのお約束でお借りいたしました金子でございますが、今しばらくのご猶予をいただけないでしょうか。

❸それまでお待ちいただくわけには

借金返済の遅れを詫びる

男性→知人

前文

謹啓《きんけい》

このたびは無理なお願いをお聞き届けいただき、誠にありがとうございました。ご用立ていただいた金子《きんす》で、弟の事故の不始末も示談で穏便《おんびん》に済ませることができました。

さて、本日は返済の期日につきまして、再度身勝手なお願いをいたしたく、お手紙を差し上げました。

主文

実は、今月入金予定の金子が、先方の都合で遅れており、❷今月末に全額お返しするというお約束がかなわなくなってしまいました。再来月には、他方からの確実な入金が見込まれておりますので、❸八月末までご猶予《ゆうよ》いただけませんでしょうか。

誠に申し訳ございませんが、なにとぞお許しをいただきたくお願い申し上げます。

末文

❹ご厚情に背いてこのようなことになってしまい、弁解の余地もございませんが、右の事情をお察しのうえ、ご了承くださいますよう重ねてお願い申し上げます。

敬具

❷いかないでしょうか。

❸それまでお時間いただけないでしょうか。

❹遅れることのないようにとお約束いたしましたのに、このような結果となり、

❹ご返済の期限延長までお願いすることになり、重ね重ねご迷惑をおかけいたしましたこと、誠に申し訳なく存じます。

まめ知識

■意味

金子《きんす》：お金、貨幣

失言を詫びる

●酒の席での失言を詫びる

男性→先輩社員

主文

❶先日の忘年会での、私の失言につきお詫びを申し上げたく、筆をとりました。

忘年会ということで先輩方が無礼講でとおっしゃっていただいたこともあり、一年の締めくくりとばかりに、少々羽目をはずしすぎてしまいました。酒の勢いで、日頃お世話になっている先輩方に暴言、失言を申し上げ大変申し訳ございませんでした。さぞかしお怒りだったことと思います。

その上、忘年会の翌日からは正月休みに入ってしまったため、お目にかかっての謝罪ができず書面にて失礼いたします。重ね重ね、申し訳ございません。

末文

❷来年、改めてお詫びさせていただきます。よろしくお願いいたします。

Point

▼自分の非を素直に認め、心から謝罪し相手に許してもらうような文章を心がけます。▼先方から抗議や苦情がくる前に、自分の失言を詫びます。▼事情説明は弁解にならないように、客観的に。

きまり文句

❶先日は納会の席での私の失言、申し訳ございませんでした。

❶昨日は叔父様のお悲しみの席で、夫がお気持ちを逆なでするような

❷本人も深く反省しておりますので、今回ばかりはお許しいただけますでしょうか。

❷二度とこのようなことがないように、今後気をつけますのでお許しくださいませ。

結婚式のスピーチの失言を詫びる

男性→夫婦

浩さん、貴子さん。先日は素敵な結婚式にご招待いただきありがとうございました。

主文

皆様おそろいのおめでたい席で、❶浩さんについて皆様が誤解を招くようなスピーチをしてしまい、何とお詫びしてよいかわかりません。申し訳ございませんでした。

スピーチをさせていただくことが初めてということもあり、緊張から披露宴で食前酒などを口にし落ち着かせようと思ったことが間違いでした。スピーチの際に頭が真っ白になってしまい、あのような事態になってしまいました。申し訳ございません。

末文

❷後日、日を改めましてお伺いさせていただきたいと思っております。

まめ知識

■関連語句

自責の念・言い逃れ・不穏当な・悪口雑言・醜態

不始末を詫びる

酔ったうえでの失礼を詫びる

男性→先輩

前文

拝啓
　秋も深まってまいりましたが、川崎様にはお変わりなくお元気でご活躍のことと思います。

主文

　さて、本日は川崎様に深くお詫びしなければと思い、急ぎ筆をとりました。
　ほかでもございません。先日、久しぶりにお目にかかったときのことでございます。私とサンズイ社の関口氏との交際に営業マンとして問題があると指摘され、頭に血が昇ってしまい大変失礼なことを申してしまいました。
　その後、関口氏と勉強会でお会いして伺ったところ、貴兄は事情をよくご承知のうえで、彼から私へのアドバイスを依頼されていたとのこと。私の未熟さゆえ、貴兄の真意を誤解していたことに気づきました。本当に申し訳ございません。

Point
▼自分の落ち度を素直に認め、反省している気持ちを表します。▼事情を正確に述べ、弁解がましくならないよう注意が必要です。▼子どもの不始末を詫びるときは、親としての責任についてもふれます。▼物を破損した場合は、具体的な弁償の方法を提示するか、相手に意向を尋ねます。

きまり文句

❶皆様にご迷惑をおかけいたしましたこと、深く反省しております。
❶酒の席のこととはいえ、とんでもない失態を演じ、多大なご迷惑をおかけいたしましたこと、お詫びのしようもございません。
❶酔いに任せてお見苦しい失態を演じ、貴兄にまで暴言を吐きましたこと、誠に恐縮の限りでございます。
❷このたびの息子一雄が起こしました不始末の件、心より申し訳なく

末文

❶昔から並々ならぬご指導とご厚情をいただいている貴兄に、あのような失礼なことを申してしまい、誠にお詫びのしようもございません。
これに懲《こ》りず、今後ともご指導いただきますよう、よろしくお願い申し上げます。

敬具

子どもの不始末を詫びる

女性→近所の人

前文

急呈　❷このたびの、息子の猛士の不始末、本当に申し訳ございませんでした。息子ともども、心からお詫び申し上げます。

主文

普段はとても素直な優しい子で、他人様に、まさかそのような暴力を振るう子ではない、と信じておりました。保護者である私の監督不行き届きであり、ただただ恐縮し、心から恥じ入っております。
今後は、決して同じ過ちを繰り返すことのないよう指導していく所存でございます。❸さぞやお怒りのことと存じますが、なにとぞ寛大なご処置をお願い申し上げる次第です。

末文

とりあえず書面にてお詫び申し上げます。

草々

思っております。さぞやご立腹のことと存じますが、何とぞご勘弁いただきますようお願い申し上げます。

❸簡単にお許しを請うべきではないことは重々承知しておりますが、

まめ知識

■関連語句

失態・不注意・不始末・迷惑・軽率・失言・失礼・非礼・無礼・無作法・不行儀・傍若無人

不参加を詫びる

旅行に行けないことを詫びる

男性→学生時代の先輩

前文

拝啓　春暖《しゅんだん》の候、若月様にはお変わりなくお過ごしのことと拝察申し上げます。

主文

さて、今日は誠に申し訳ないことをお伝えしなければなりません。

ゴールデンウィークを利用しての河口湖へのキャンプの件ですが、❶当日、田舎から両親が三年ぶりに上京することになり、どうしてもご一緒できなくなってしまいました。せっかくのキャンプ、若月様にはお忙しい中をわざわざお時間をとっていただきましたにもかかわらず、このようなことになりまして、心からお詫び申し上げます。

妻や子どもたちも楽しみにしておりましたが、他の用件もあって上京するため、時期をずらすことができません。久方ぶりの親孝行に徹することといたしました。先輩と語り明かせるのを楽しみにしておりましたのに、本当に申し訳ありません。

❷これに懲《こ》りず、これからもご交誼《こうぎ》とご指導を賜ることができましたら、誠にありがたく存じます。

Point

▼約束を果たせなかったことを素直に詫びます。▼急用ができて欠席した場合は、その旨を明示します。▼欠席したことでほかの人々に迷惑がかかるような場合は、よりかしこまった文面にして謝罪の気持ちを表しましょう。▼親しい人であっても、きちんとお詫びの気持ちを表し、相手の怒りを和らげる工夫を。

きまり文句

❶当日は仕事の都合で、どうしても参加できなくなってしまいました。

❶せっかくご案内をいただき、喜んで参加の通知をさせていただいたのですが、出席できなくなってしまいました。

❶せっかくお誘いいただいたのですが、当日はどうしても手のはなせない用事ができてしまいました。

❷今回の私の不始末をお許しいただき、これからもご交誼とご指導を

末文

末筆ながら、奥様にくれぐれもよろしくお伝えください。
まずは、取り急ぎ書中をもってお詫び申し上げます。

敬具

キャンプへ行けないことを詫びる

女性→知人

前文

前略

主文

来週末に秋川広場で行うことになっているキャンプについて、取り急ぎ申し上げます。

❶承諾のご返事をしておきながら、大変申し訳ないのですが、参加できなくなってしまいました。実は、昨日、息子の雄太がアパートの階段から落ちてけがをしてしまいました。幸い大事には至らなかったのですが、それでも左足首の骨にひびが入ってしまい、しばらくはおとなしくしているようにと言われてしまいました。

❸せっかくお誘いいただいたのに、本当にごめんなさい。どうか楽しくお出かけください。

末文

なお、ほかの参加者の方々にもくれぐれもよろしくお伝えください。

かしこ

賜りますようお願い申し上げます。

❸せっかくお招きいただきましたのに、よんどころない事情にてお伺いすることができず、申し訳ございません。

❸誠に残念なことになり、お詫びの言葉もございません。

❸お声をかけていただきながら、参加がかなわず、申し訳なく存じます。

まめ知識

■**関連語句**

不参加・欠席・約束を破る・迷惑・不始末

■**意味**

ご交誼《こうぎ》：交際をしている人同士の親しい付き合い

借り物の損傷を詫びる

●車に傷をつけたことを詫びる

男性⬇知人

前文

前略

このたびは大事な車を快くお貸しいただき、誠にありがとうございました。

主文

つきましては、さっそくご返却にあがりたいのですが、❶実は大変申し訳ないことをしてしまいました。私の不注意から、帰り際に駐車場でほかの車と接触事故を起こし、後部左側のドアに傷をつけてしまったのです。ご好意によりお借りした車に、このような不始末をしでかし、心からお詫び申し上げます。

帰京後、すぐに修理工場で見てもらいましたところ、ほぼ元どおりに修復可能とのことでした。十日ほどで直してもらえるそうです。修理したのち、お返しにあがりますので、しばらくのご猶予《ゆうよ》を賜りたくお願い申し上げます。

それにしましても、❷あなたの愛車に傷をつけてしまったことは本当

Point

▼理由のいかんによらず、自分の責任であることを認め、事故の原因や破損の程度について明確・簡潔に述べましょう。▼具体的な弁償方法については、償いをする旨を伝えて相手の指示を仰ぎます。▼言い訳がましいことは書かず、謝罪の気持ちを強調することが大切です。

きまり文句

❶お詫びしなければならないことがございます。

❶あなた様に深くお詫び申し上げなければと思い、急ぎペンをとった次第です。

❷私の不注意で取り返しのつかない粗相をしてしまい、お詫びの言葉もありません。

❷私の油断から汚してしまい、何ともお詫びのしようもございません。

❷ご愛用の品を紛失いたしましたこと、弁解の余地もございません。

末文

に申し訳なく、あわせる顔もありません。どうかお許しください。

まずは取り急ぎ書中にてお詫びとご連絡まで申し上げます。

草々

カメラを壊したことを詫びる

女性→友人

前文

前略

主文

先日は、快くカメラを貸してくださり、誠にありがとうございました。

おかげで、思い通りの星空を撮ることができました。

ところが、その帰り道、急なカーブで対向車とすれ違った際、助手席に置いておいたカメラがはずみで落ちてしまい、レンズに傷をつけてしまったのです。

あなたの大切なカメラ、しかも高価なレンズと承知のうえ、❷このようなことになってしまい本当に申し訳ありません。

つきましては、❸弁償させていただきたく存じますので、その方法についてご指示くださいますようお願い申し上げます。

末文

草々

❸弁償の方法をお示しください。提示いただいた方法で償わせていただきます。

❸お手数ではございますが、弁償の手段をお教えくださいますようお願いいたします。

まめ知識

■関連語句

紛失・破損・事故・過ち・粗相・過失・ミス・不注意・償い・弁償・補償

10 弔辞関係の手紙

弔辞関係の手紙には、死亡通知、お悔やみ状、会葬礼状、忌明けのあいさつ、法要の通知などがあります。

このうち死亡通知は、印刷所に用意されている見本に必要事項を記入するだけでよいものです。

お悔やみ状は、死を悼み、故人をしのぶ、または遺族を慰めるために出すものです。形式にのっとりながらも、心から相手を思いやるような、真心のこもった文面になるよう心がけましょう。また、不幸を知ったらすぐに出すことも大切です。

遠方に住んでいて葬儀に参列できずに、香典を送るときにも、ただ香典だけを送るのではなく、簡潔にお悔やみの言葉を書いて同封するようにします。

会葬礼状は形式にのっとり、誠意のあるお礼の言葉を述べ、早めに出します。

忌明けのあいさつ状は、香典や供え物をいただいたことへのお礼を述べるもの。四十九日の法要を終えた後、香典返しの品物に添えて送ります。特に形見分けがあるときは、気持ちをこめて送るようにします。

法事の通知は、いつ、どこで、誰の何回忌が行われるのか、食事の有無なども伝えるようにします。

これら弔辞関係の手紙では、「いよいよ」「たびたび」といった重ね言葉や、「再び」「重ねて」といった言葉はタブーですから気をつけましょう。

① **前文**
省略します。

② **悔やみ**
率直にお悔やみを伝えます。

③ **励まし**
悲しみを表し、相手に対する励ましの言葉を書きます。

④ **対応**
香典を同封したことも一筆書きます。

⑤ **末文**
省略します。


母上様ご逝去《せいきょ》と承り、心からお悔やみ申し上げます。

悲しい知らせをただいま受け取り、ただ驚くばかりです。母上様のやさしい笑顔ばかりが思い出されとても信じられない気持ちです。ご家族の皆様のお嘆きはいかばかりかと拝察いたします。

子供の頃から、何度もお宅に伺い、そのたびに手作りのお菓子をいただいたことをつい昨日のように思い出します。しかし、もうお会いすることもできないかと思いますと、本当に残念でなりません。

さぞやお力落としのこととおなぐさめする言葉もございませんが、どうぞお気を強く持たれますように。それが母上様への何よりのご供養と存じます。

あいにく遠方のためすぐには伺えず、とりあえず書中をもって失礼させていただきます。

同封のもの、心ばかりではございますが、お納めくださいますようお願い申し上げます。

謹んで母上様のご冥福《めいふく》をお祈り申し上げます。

死亡の通知

● 一般的な死亡通知状

男性→知人

主文

①父吉岡辰夫儀、かねて病気療養中のところ、十二月二日、にわかに容態が悪化し、午後二時二十分、永眠いたしました。享年《きょうねん》六十六歳でございました。

②ここに生前のご厚情に深謝いたしますとともに、謹んでご通知申し上げます。

追って葬儀ならびに告別式は左記のとおり執り行います。

記書き

記

日時　十二月四日（木）

葬儀　午後一時より二時

告別式　午後二時より三時

場所　○○寺（水戸市水戸二―四―八）

電話　××××―××―××××

なお、故人の遺志により、ご供物《くもつ》等の儀は勝手ながらかたくご辞退申し上げます。

Point

▼公式の死亡通知状は、黒または薄墨色の枠取りのある私製はがきに印刷して出します。▼封書にする場合は、封筒も同色の枠取りのものを。▼個人的に死亡を知らせる場合は、時候のあいさつは省き、簡潔に事実を伝えます。時間がたってから知らせる場合は、心情を一筆書き添えます。

きまり文句

①父清一が、この六月三十日、肺がんのため永眠いたしました。

①母幸子こと、二月十日午後十一時三分、心不全のため急逝いたしました。

①父忠治が、去る十月十日、八十八歳の生涯を閉じました。

①弊社代表取締役社長三枝吾郎儀、二月十一日午前一時三十分、脳溢血のため急逝いたしました。

②生前のご芳情に厚くお礼申し上げますとともに、

後付け

平成○年十二月二日

水戸市水戸三―二―三
喪主　吉岡明広
男　吉岡誠次
外　親戚一同

子どもの死亡を密葬後に知らせる

男性→知人

主文

❸本日は悲しいお知らせがございます。
私どもの次女理絵子が、三月二十一日、交通事故のため急逝《きゅうせい》いたしました。わずかに五歳と三カ月という短い生涯でした。
葬儀は近親者のみにて密葬《みっそう》といたしました。事情をお察しのうえ、なにとぞご容赦ください。また、ご報告が遅れましたこと、深くお詫び申し上げます。

末文

生前のご厚誼《こうぎ》に心よりお礼申し上げますとともに、右謹んでお知らせ申し上げます。

❷故人生前に寄せられましたご交誼に心よりお礼申し上げますとともに、

❸突然でございますが、私どもの長男義男が、去る四月一日、交通事故により急逝いたしました。

まめ知識

■関連語句
永眠・急逝・生涯・他界・召天・早世・帰幽・死去・帰天・長逝・逝去

お悔やみ状

父を亡くした友人へのお悔やみ

男性→友人

主文

①ご尊父様ご逝去《せいきょ》の報に接し、心からお悔やみ申し上げます。

暮れにお伺いした折には、ご療養中とは思えぬほどお元気で、楽しいひとときを過ごさせていただいたばかりだけに、なんと申し上げでよいか茫然《ぼうぜん》としています。

ご尊父様の気さくなお人柄は、人をしてなごやかな気持ちにさせ、またお話は含蓄《がんちく》にあふれたもので、いろいろと教えられることが多かったものでした。何か困った事態になると、いつもお宅へお邪魔していたような気がいたします。

小川様はじめご家族の皆様、さぞやお力落としのことと存じます。

②ご傷心のあまりお体をこわされませんよう、ご自愛くださいますようお願い申し上げます。

すぐにでも駆けつけたいところですが、あいにく遠方のためかなわず、とりあえず書中をもちましてご冥福《めいふく》をお祈り申し上げます。

Point ▼故人を惜しみ冥福を祈りつつ、遺族を慰め、いたわる言葉をつづります。▼重ね言葉やくり返しを示す、タブー言葉（忌み言葉）は避けます。▼不幸を知ったらすぐに出すのが基本です。▼前文は省略し、すぐに本文に入ります。▼慎みの気持ちを持って、やさしく遺族を慰めることを念頭に置いて書きましょう。

きまり文句

①このたびは母上様ご逝去の由、心よりお悔やみ申し上げます。

①ご尊父様ご逝去と承り、ここに謹んで哀悼の意を表します。

①このたびは、お父上がご養生の甲斐なくご他界の由、お慰めの言葉もございません。

②お力落としのあまりお体を損ねませんよう、何とぞご自愛のほどお祈り申し上げます。

③心ばかりのご香料を同封いたしま

末文

③なお、わずかですがご香料を同封させていただきましたので、ご霊前にお供えください。

④まずはお悔やみまで。

事故死した同僚の夫人へのお悔やみ

女性→同僚の夫人

主文

⑤ご主人様の突然のご訃報に接し、驚き入っております。

ご主人様は、いつも精力的に仕事に励んでいらっしゃいました。人望も厚く、同期一の出世頭と将来を嘱望《しょくぼう》されておりましたのに、今だに信じられない気持ちでいっぱいです。

謹んでご主人様のご冥福をお祈り申し上げるばかりでございます。

奥様の驚きと悲しみいかばかりかとお察し申し上げますが、お悲しみのあまりお体を悪くしたりなさいませんよう、残された孝司君のためにもお祈り申し上げます。

③同封いたしましたのは、われわれ設計部員一同からの心ばかりの物でございます。ご霊前にお供えいただければ幸いに存じます。

末文

④まずはお悔やみまで申し上げます。

したので、ご霊前にお供えいただきとう存じます。

③ご香典を同封させていただきましたので、お納めくださいますようお願い申し上げます。

④ご主人様のご冥福をお祈りしつつ、まずは書面をもってお悔やみ申し上げます。

⑤思いもよらぬご主人様の訃報に接し、驚いております。

⑤ご令息ご急逝とのお知らせを伺い、驚きのあまり立ちつくすばかりです。

まめ知識

■タブー言葉

また・再び・重ねて・追って・いよいよ・たびたび・返す返す

弔問・会葬の礼状

●亡父の会葬礼状

男性→知人

主文

①亡父義助の葬儀に際しましては　諸事ご多用中にもかかわらずご会葬くださり　また過分なるご香料までいただき　厚くお礼申し上げます
葬儀の折はなにぶんにも取り込み中のことゝて　満足にごあいさつもできませんでした　不行き届きの点の多々ありました段　深くお詫び申し上げます
父亡き今後とも　従前に変わらぬご交誼《こうぎ》のほど　よろしくお願い申し上げます

末文

②本来ならば直接参上してお礼申し上げるべきところ　まずは略儀失礼ながら書面をもちましてごあいさつ申し上げます

後付け

平成○年六月二十日

神奈川県横浜市一ノ二ノ三
喪主　石川悟

Point

▼形式にのっとり早めに出すことが大切です。▼簡潔な表現を心がけ、お礼の言葉を述べます。▼印刷文にするのが一般的ですが、特にお世話になった方へは改めてお礼の手紙を出しましょう。▼供物や香典、献花のお礼は丁重に書きます。▼お礼を書面ですませるお詫びの気持ちを「略儀ながら」という言葉で末尾に添えます。

きまり文句

①亡き母の葬儀の際には　ご丁寧なお悔やみをいただき　誠にありがたく厚くお礼申し上げます

①遠路わざわざご弔問のうえ　さらにご献花までいただき　誠にありがたくお礼申し上げます

②本来ならば　拝眉のうえお礼申し上げるべきところでございますが　まずは略儀ながら書面をもちましてごあいさつ申し上げます

②本来ならば早速拝顔のうえお礼申

亡夫の会葬礼状

女性→知人

主文

1 亡夫光雄の葬儀および告別式に際しましては　ご多忙中にもかかわらず遠路お運びくださり　また過分なるご香料まで賜りまして　誠にありがとうございました

なお　3 故人が生前賜りましたご厚誼《こうぎ》に対しまして　あわせて厚く御礼申し上げます

末文

2 さっそく拝趨《はいすう》のうえ御礼申し上げるべきところ　略儀ながら書面をもちまして　厚く御礼申し上げます

後付け

平成〇年九月二十五日

福島県福島市福島二―二―二
葬儀委員長　長山達彦
喪　主　加藤礼子
親戚　一同

し上げるべきところ　略儀ながら書面をもちましてごあいさつ申し上げます

3 亡父がひとかたならぬご厚情を賜りましたこと　深く感謝申し上げます

まめ知識

■ミニ知識

印刷にする場合は、句読点をいっさい使わず、行頭をすべて揃える形式が多く使われます。ただし、故人と親しかった方へ自筆でのお礼状の場合は、句読点を省く必要はありません。

■意味

ご交誼《こうぎ》：交際をしている人同士の親しい付き合い

ご厚誼《こうぎ》：目上の方から好意を寄せてもらっていること。目上の方の親切心。

拝趨《はいすう》：手紙文でこちらから相手方へ出かけて行くことの謙譲語

お悔やみへのお礼

亡父への弔問へのお礼

男性→上司

前文

謹啓《きんけい》　初春の候、斎藤次長にはますますご健勝のこととお慶び申し上げます。

主文

さて、①先般亡父三郎葬送にあたりましては、ご多忙にもかかわらず、わざわざご会葬いただいたうえ、過分のご香典まで頂戴いたし、心よりお礼申し上げます。

父三郎、生前よりたくさんの方々から、お見舞いやお励ましをいただきましたにもかかわらず、看病のかいもなく他界したことは、故人もいかばかり心残りであったろうと思います。人の命のはかなさをつくづく感じてしまう次第です。

父三郎は大工ひと筋四十年、職人気質《かたぎ》の自分にも他人にも大変厳しい人でした。少しでもその雄々しい精神を引き継いで、故人に報いたいと存じております。なにごとにも至らぬことと存じますが、今後ともご指導のほど、お願い申し上げます。

末文

まずは、書中をもってお礼申し上げます。

敬具

Point

▼弔辞、香典、会葬のお礼を丁重に述べ、自分の心境を書き添えます。▼故人と面識がある場合は、生前の厚情に対してお礼を述べましょう。▼葬儀のときの不行き届きを詫びます。▼法事の礼状では、出席してもらったことへの感謝と、現在の心情を書きます。▼悲しみに沈んだ手紙より、前向きな姿勢を示すことが大切です。

きまり文句

①先般亡父佐助儀葬送にあたりましては、ご多忙にもかかわらず、わざわざご会葬いただき、また過分なご香典まで頂戴いたし、深く感謝いたしております。

①過日は母雅子の死去に際しまして、わざわざご会葬いただき、霊前にご香典まで賜り、誠にありがとうございました。

①亡妻英子の葬儀および告別式に際しましては、厳寒の折にもかかわ

亡夫への弔問へのお礼

女性→亡夫の友人

主文

❶亡夫圭吾の葬儀に際しましては、遠路の中ご会葬くださいましたうえ、ご丁寧にもご供花《くげ》まで賜り、ありがとうございました。❷幼なじみの織田様にお心のこもったお別れをしていただいて、故人もさぞかし喜んでいることと存じます。

入院しましてからは、幼い頃のことをよく思い出していたようで、織田様はじめ皆様との思い出を楽しそうに話しておりました。織田様がお見舞いくださった日は、いただいた昔の写真を遅くまで眺めて、本当にうれしそうにしておりました。❸これまでの数々のお心づかいに改めてお礼申し上げます。

私も、しばらくは茫然《ぼうぜん》自失《じしつ》の有り様でございましたが、なんとか前向きに考えられるようになってまいりました。今後とも変わらぬご交《こう》誼《ぎ》のほどお願い申し上げます。

末文

略儀で恐縮でございますが、まずは書中にてごあいさつ申し上げます。

らずご会葬いただき、誠にかたじけなくお礼申し上げます。

❶当社専務取締役田中将司の告別式に際しましては、わざわざご会葬いただき、ご焼香賜りまして、誠にありがとうございました。

❷木村様にお会いできて、故人もどれほど喜んでいることでしょう。

❸亡き父に代わり、生前の数々のご厚誼に、改めてお礼申し上げます。

まめ知識

■**関連語句**

葬儀・告別式・葬送・香典・供物・焼香・生前

■**意味**

茫然《ぼうぜん》自失《じしつ》：意想外な出来事に会い、どうしていいか分からなくて、ぼんやりしている様子。

ご交誼《こうぎ》：交際をしている人同士の親しい付き合い

忌明けのあいさつ

● 一般的な忌明けのあいさつ

男性→亡父の友人・知人

前文

謹啓《きんけい》

❶立秋の候　皆様にはますますご清祥のこととお慶び申し上げます

主文

先般父正和永眠に際しましては　ご懇篤《こんとく》なるご弔問をいただき　また
ご丁寧なるお供物《くもつ》まで賜り　厚くお礼申し上げます
おかげさまで　本日
○○院○○○○居士
❷七七日忌《しちしちにちき》の法要を滞りなく相営みました　これもひとえに皆様方の
ご厚情があってこそと　遺族一同心より感謝いたしております
つきましては　❸供養のしるしまでに　別便で心ばかりの品をお届け申
し上げました　なにとぞご受納くださいますようお願い申し上げます

末文

本来ならば参上いたしましてお礼申し上げるべきところ　❹略儀ながら
書面をもって　ごあいさつ申し上げます
謹白《きんぱく》

後付け

平成○年九月二十五日

Point

▼四十九日の法要を終えた後、香典返しの品物に添えて送ります。▼香典返しの品物は、「心ばかりの品」「寸志の品」と表します。▼神式の場合は三十日祭か五十日祭、キリスト教の場合は一カ月後の召天記念日のころお返しの品とともに出します。▼喪主名など必要事項を墨で記入し、白の角封筒に入れて出すのが一般的です。

きまり文句

❶長男達夫永眠の際は、丁重なご弔問ならびにご香典まで賜りましてありがとうございました

❶先般は、亡き父山田一郎の葬儀に際しまして遠いところご参列いただき、誠にありがとうございました

❷四十九日忌法要を済ませました

❷皆様の温かい励ましに支えながら七七日忌の法要も無事すませることができました

香典返しを寄付した場合

女性→亡母の友人・知人

前文
主文
末文
後付け

謹啓　時下ますますご清栄のこととお慶び申し上げます
❶過日は亡き母雪枝の葬儀にあたり　ご多忙中にもかかわらずご会葬くださり　かつ過分なるご香料まで賜り　誠にありがたく厚くお礼申し上げます
おかげさまで　本日❷七七日《しちしちにち》忌法要を相済ませることができました
つきましては　勝手ではございますが　供養のしるしまでにと皆様から賜りましたご芳志の一部を　故人の遺志に基づき　児童福祉施設このは学園に寄付させていただきました　これをもちまして　返礼とさせていただきたくご了承のほど　お願い申し上げます
まずは　❹略儀ながら　書中にてお礼かたがたごあいさつ申し上げます
敬具
平成○年四月十日
松川　真司

❸七七日忌の法要を営みましたので、別便にて寸志の品をお届け申し上げました
❸忌み明けごあいさつかたがた心ばかりの品を送らせていただきました。なにとぞお納めくださいますようお願い申し上げます
❸亡き母が生前愛用していたものですので、どうぞお納めくださいますようお願い申し上げます
❹お礼かたがた書中をもって謹んでごあいさつ申し上げます

まめ知識
■関連語句
忌み明け・○忌・生前・寸志・心ばかりの品

法要の通知

夫の一周忌の法要を知らせる

女性→知人

前文

拝啓

厳しい残暑もすぎ、肌にさわやかな風を感じる頃となりました。皆様お元気でいらっしゃいますでしょうか。

①昨年九月に夫を亡くしましてから、まもなく一周忌を迎えます。皆様には大変ご心配をおかけいたしましたが、息子浩一も中学三年になり、私も法律事務所に職を得まして、現在は母子二人落ち着いた毎日を送っております。

主文

つきましては、九月二十八日午後一時より②拙宅《せったく》におきまして、ささやかな供養を営みたいと存じます。生前親しかった方のみで、昼食を召し上がっていただきながら、亡き夫の思い出話などでお過ごしくださいましたら、故人も喜ぶことと存じます。

末文

③ご多用のところ、誠に恐れ入りますが、ぜひご出席のほどお願い申し上げます。まずはご案内まで。

敬具

Point

▼法要の案内状は、時候のあいさつに始まり、誰の何回忌の法要なのか、日時、場所を記し、食事の有無を加え、参会をお願いする言葉を書き添えます。▼故人に思いをはせる言葉は書かず、必要事項を簡潔にまとめます。▼内輪の法要の場合は、法要の日時・場所のほか、その後の近況などをつけ加えてもいいでしょう。

きまり文句

①妻が急逝いたしましてから、はや一年が経とうとしております。

①時の経つのは早いもので、六月三日は亡父栄作の一周忌にあたります。

②菩提寺永平寺において、ささやかな供養をいたしたいと存じます。

②生前親しくおつき合いいただいた方をお招きし、心ばかりの法要をいたしたく存じます。

③お忙しい中誠に恐れ入りますが、

会社役員の法要を知らせる

男性→取引先

前文
謹啓《きんけい》　新緑の候　ますますご清祥のことと存じます。

主文
❹来る四月十五日は弊社前会長故杉本栄三郎の一周忌にあたりますが、当日は休日のため左記のとおり法要を営み、引き続き故人の霊を慰めたく、粗餐《そさん》を差し上げたく存じます。

末文
❸ご多用中誠に恐縮ではありますが、なにとぞご来臨いただきたく、謹んでご案内申し上げます。
謹白《きんぱく》

記書き
記
日時・式場　四月十八日（水）午前十一時　善祥寺
なお勝手ながらご供物の儀は固くご辞退申し上げます。

後付け
平成○年三月二十日
昭和精工株式会社取締役社長
中山勝茂
嗣子《しし》　杉本龍平

ご焼香いただけましたら父もさぞ喜ぶことと思います。

❸法要のあと、粗餐を用意しておりますので、ぜひご来駕のほどお願い申し上げます。

❹来る九月二十日は弊社前社長松下平二朗の一周忌にあたりますので、生前ご親交を賜りました方々をお招きし、倫月寺にて故人の供養を営み、粗餐を差し上げたく存じます。

まめ知識

■**関連語句**
法要・○○忌・供養・焼香・粗餐・菩提寺・線香

■**意味**
拙宅《せったく》：自分の家の謙称。
粗餐《そさん》：粗末な食事。他人にふるまう食事の謙称
嗣子《しし》：跡継ぎ、跡取り

11 季節のあいさつ状

季節のあいさつ状には、年賀状のほか、暑中見舞いや残暑見舞い、寒中見舞いがあります。いずれにしても、相手の健康と多幸を祈り、こちらの近況などを知らせる性質のものです。

前文に暑さ寒さを見舞うあいさつをやや大きめに書き、その後、相手の様子を尋ね、自分の近況報告をするという構成になります。相手によっては、言葉を選ばないと失礼になる場合があるので十分に気をつけます。

大勢の人に出すので印刷することも多いものですが、一言、心のこもった言葉を手書きで添えると温かみが出ます。また、署名も自筆にしたいものです。

この種の手紙は、あまり形式にとらわれず、自由に自分の言葉で書くと親しみやすさが伝わります。絵を添えたり、デザインをしたりと、いろいろ工夫したいところです。

年賀状は、年の初めのあいさつ状として欠かせないものです。何よりも大切なことは、元旦に届くように投函すること。また、住所・氏名は、あて先・差出人とも省略しないで正確に書きます。

暑中見舞いは、暦の小暑（七月八日頃）から立秋の前日（八月八日頃）までに出します。立秋を過ぎると残暑見舞いになります。遅くとも八月中には届くようにしましょう。

寒中見舞いは、暦の寒の入（一月五日頃）から立春の前日（二月四日頃）までに出します。忘れていたり、喪中のために年賀状を出さなかった人が、その代わりに出すこともできます。

① **前文**

② **伺い**
相手のことを思いやる一文を添えます。

③ **報告**
近況を伝えます。

④ **末文**
季節にあった自愛を願う言葉で締めくくります。


残暑お見舞い申し上げます。

暦の上では秋だというのに、いつまでも厳しい暑さが続いております。いかがお過ごしでしょうか。

そちらでは、水不足が深刻だったとニュースで知りました。二日前からの雨で取水制限がずいぶん緩和されたとのことで、ほっとしております。

とはいえ、この暑さでは本当に大変でしたね。天の恵みである雨のありがたさを、実感されていることと思います。

こちらは、おかげさまで皆元気に過ごしております。夏休みは長い休暇がとれず帰省を断念しましたが、二日ほど子どもたちをつれて九十九里浜に出かけました。家族そろって真っ黒に日焼けして、誰が誰やら区別がつかないほどです。

この暑さも、もうしばらくの辛抱です。それまで、いっそうご自愛なさいますようお祈りいたします。

平成○年　立秋

年賀状

一般的な年賀状

❶新年あけましておめでとうございます。
昨年中はいろいろとお世話になり、ありがとうございました。
今年もどうぞよろしくお願い申し上げます。
平成◯年一月一日
東京都大田区大田一—一
山崎　健吾
春美

改まった年賀状

❷謹んで新春のお慶びを申し上げます
❸旧年中は格別のご厚情を賜り、厚くお礼申し上げます。
❹本年も相変わりませずご交誼《こうぎ》のほど、お願い申し上げます。
平成◯年元旦

Point
▼できるだけ決められた投函日までに出し、元日（遅くとも三日）までに届くように注意します。▼印刷した場合も、何か一言自筆で書き添えましょう。▼相手の健康と多幸を祈り、こちらの近況を知らせます。▼日常の用件は書き添えないのが一般的です。▼離婚・事故などの不幸な事柄は書いてはいけません。

きまり文句
❶賀正／賀春／迎春／慶春／頌春
❶恭賀新年
❷謹んで新春のお祝いを申し上げます。
❷新春を迎え、皆様のご多幸をお祈り申し上げます。
❷謹んで年首のご祝詞を申し上げます。
❷新春を寿ぎ、ご祝詞を申し上げます。
❷幸多き迎春をお慶び申し上げます。
❸昨年中に賜りましたご厚誼のほど、

年賀状の返信

❶謹賀新年
早々と年賀のごあいさつをいただきながら、ご返礼が遅れまして誠に申し訳ありません。

皆様おそろいでつつがなくご越年《えつねん》の由、お祝い申し上げます。

本年もどうぞよろしくお願い申し上げます。

平成〇年正月

年賀状欠礼のあいさつ状

喪中につき　年末年始のごあいさつを失礼させていただきます
父　松三郎　去る十一月五日に七十五歳にて永眠いたしました
本年中賜りましたご厚情を感謝いたしますとともに　明年も変わらぬご交誼《こうぎ》のほどお願い申し上げます
平成〇年十二月

深くお礼申し上げます。

❸旧年中は格別のお引き立て、厚くお礼申し上げます。

❹皆様のご健勝を心からお祈りいたします。

❹ご家族の皆様のご健勝とご多幸をお祈り申し上げます。

まめ知識

ミニ知識

[年賀状欠礼のあいさつ状]
印刷にする場合は、句読点をいっさい使わず、行頭をすべて揃える形式が多く使われます。ただし、故人と親しかった方へ自筆でのお礼状の場合は、句読点を省く必要はありません。

暑中見舞い・残暑見舞い

一般的な暑中見舞い

①暑中お見舞い申し上げます。
②厳しい暑さが続いておりますが、皆様いかがお過ごしでしょうか。おかげさまで私どもは家族全員つつがなく暮らしておりますので、どうぞご休心《きゅうしん》ください。
③炎暑の折柄、ご自愛のほどお祈り申し上げます。
平成○年盛夏

恩師への暑中見舞い

男性→恩師

①暑中お見舞い申し上げます。ことのほか暑さ厳しい今日この頃、先生にはお変わりなくお過ごしでしょうか。
私は、卒業して初めての夏を勤務地の東京で迎えています。先月よ

Point ▼暑中見舞いは暦の小暑（七月八日頃）から立秋の前日（八月八日頃）までの暑い盛りに出します。▼立秋を過ぎると残暑見舞いとしますが、八月中には届くようにしたいものです。▼前文に暑さを見舞う言葉を書き、その後相手の様子を尋ねてから、こちらの近況報告をしましょう。▼印刷の場合でも署名は自筆で。

きまり文句

①暑中お伺い申し上げます。
②暑さ厳しい折、おさしさわりございませんか。
②暑さ日増しにつのるこの頃、ご一同様にはお障りなくお暮らしでしょうか。
②盛夏の折、ますますご健勝のことと拝察申し上げます。
②酷暑のみぎり、皆様ご機嫌いかがでしょうか。
③暑さますます厳しい折柄、ご多忙

うやく研修期間が終わって営業部に配置が決まり、あわただしい中にも充実した毎日を送っております。③まだまだこの猛暑は続きそうな気配ですので、くれぐれもご自愛くださいますようお祈りいたしております。

○○○○年　盛夏

残暑見舞い

女性→友人

残暑お見舞い申し上げます。④暦のうえではもう秋だというのに、相変わらずの暑さが続いております。皆様いかがおしのぎでしょうか

この夏わたしたち家族は、伊豆大島へキャンプへ行ってきました。海の近くにあるとてもきれいなキャンプ場で、久美も佳和もおおはしゃぎ。シュノーケリングにハイキング、キャンプファイヤーと欲張りに楽しんできました。

今度ぜひご一緒しませんか。来年の夏にでも。考えておいてくださいね。

この暑さももう少しの辛抱《しんぼう》です。それまで、③くれぐれもお体にはお気をつけくださいますようお祈りいたします。

平成○年　立秋

とは存じますが、くれぐれもお体を大切になさってください。

④立秋とは名ばかり、連日の猛暑はとどまるところを知らないようです。

④朝夕はいくぶん涼しくなりましたが、日中はいまだに厳しい暑さが続いております。

まめ知識

■**関連語句**

盛夏・向暑・薄暑・酷暑・極暑・猛暑・炎暑・大暑・炎熱・残暑

■**意味**

休心《きゅうしん》：安心

寒中見舞い・余寒見舞い

一般的な寒中見舞い

❶寒中お見舞い申し上げます

❷今年は例年にも増して寒い日が続きますが、皆様におかれましてはお変わりなくお過ごしでいらっしゃいますか。❸私どもはおかげさまでつつがない毎日を送っております。

これから寒さ一段と厳しい折、どうぞ寒中風邪など召されませんようにお大事にお過ごしくださるようお祈りいたします。

まずは寒中お見舞いまで。

平成○年一月

年賀状の返礼を兼ねた寒中見舞い

女性→友人

❶厳冬のお見舞いを申し上げます

久しくご無沙汰《ぶさた》しておりますが、お元気でお過ごしでいらっしゃい

Point
▼寒中見舞いは、寒の入り（一月六日頃）から立春（二月四日頃）までに、余寒見舞いは、立春を過ぎてから出します。▼年賀状を出しそびれた場合、喪中で年賀欠礼をした場合などに、寒中見舞いを利用するとよいでしょう。▼あいさつの言葉のあと、相手の安否を尋ね、こちらの様子を伝えましょう。

きまり文句
❶寒中お伺い申し上げます。
❶酷寒のみぎり、寒中お見舞い申し上げます。
❶厳寒の候とて、ご安否をお伺い申し上げます。
❷寒さ厳しき折、いかがお過ごしでしょうか。
❷今年は例年にない寒さと存じますが、お変わりございませんか。
❷暖冬とはいえ、寒い日が続いております。皆様いかがお暮らしでしょうか。

ますか。新年はご丁寧な賀状をありがとうございました。年末より忙しさにかまけてどなたさまにも年賀状を失礼いたしました。

今年は例年になく寒さが厳しいとのこと、お互い健康には十分注意して、仕事に頑張《がんば》りましょう。

こちらでも昨日から雪が降り続き、街はうっすらと雪化粧をしています。寒さもうしばらくのことと存じます。どうぞご自愛くださいませ。

一月十日

余寒見舞い

男性→知人

余寒お見舞い申し上げます
❶立春とは名ばかりで、毎日寒い日が続いております。
皆様にはお障《さわ》りなく、お暮らしのことでしょうか。お伺い申し上げます。

私どもはおかげさまで風邪一つひかずに過ごしております。

まだしばらくはこの寒さが続くとのこと。ご自愛のほどお祈り申し上げます。

二月十一日

❸おかげさまで風邪ひとつひかず元気に暮らしておりますので、どうぞご休心ください。
❹寒が明けたとはいえ、まだまだ寒い日が続いております。
❹暦のうえではもう春ですが、骨身にしみとおる寒さが続いております。

まめ知識

■関連語句
向寒・夜寒・寒気・厳寒・酷寒・極寒・余寒・残寒

カードに添えるぴったりな一言英文

●バースデーカード●

- It's your day! 【あなたの日です！】
- Happy ◯th birthday! 【◯度目の誕生日おめでとう！】
- Many many more to come.
  【いいこといっぱいありますように】
- Good Luck on your birthday!
  【あなたの誕生日に幸運を祈ります！】

●クリスマスカード●

- Wishing you a Merry Christmas.
  【すばらしいクリスマスでありますように】
- Peace for all. 【平和でありますように】
- Cheers at Christmas and New Year!
  【クリスマスと新年に乾杯！】
- I wish you a Merry Christmas.
  【あなたにとって楽しいクリスマスでありますように】

●バレンタインカード●

- Thinking of you. 【あなたを想いながら】
- For a special you. 【特別なあなたへ】
- With all my love. 【愛をこめて】
- Happy St, Valentine's Day. 【ハッピーバレンタイン】

●結婚祝い●

- All good wishes.　【お幸せに】
- Many happy returns.　【どうぞお幸せに】
- To the greatest couple.　【すばらしい、お二人へ】
- Now & Forever.　【今もこれからも】

●出産祝い●

- For the new parents.　【新米のパパとママへ】
- Hello sweet baby.　【こんにちは、赤ちゃん】
- Thanks for your birth.　【あなたの誕生に感謝】
- Good for you.　【がんばったね】

●贈り物●

- Good luck.　【いいことがありますように】
- To my better half.　【すてきなあなたへ】
- Best wishes.　【幸運を祈って】
- With a true heart.　【真心をこめて】

●生活ネットワーク研究会●
生活の場におけるさまざまなネットワークを取り上げ、研究するグループ。ネットワークをＥメールなどデジタルでやりとりする昨今だからこそ、手書きのあたたかみあふれる手紙の役割に再注目している。

新版　すぐ役立つ手紙の書き方

著　　者　生活ネットワーク研究会
発 行 者　東島俊一
発 行 所　株式会社 法 研
東京都中央区銀座1-10-1（〒104-8104）
販売（03）3562-7675／編集（03）3562-7674
http://www.sociohealth.co.jp
印刷・製本　研友社印刷株式会社

SOCIO HEALTH
小社は（株）法研を核に「SOCIO HEALTH GROUP」を構成し、相互のネットワークにより、"社会保障及び健康に関する情報の社会的価値創造"を事業領域としています。その一環としての小社の出版事業にご注目ください。

ISBN978-4-87954-760-6　C2077　定価はカバーに表示してあります。
乱丁本、落丁本は小社出版事業部販売課あてにお送りください。
送料小社負担にてお取り替えいたします。　②